INOVAÇÃO
O Combustível do Futuro

BR
PETROBRAS

INOVAÇÃO
O Combustível do Futuro

LUIZ FERNANDO LEITE

QUALITYMARK

QUALYMARK 15 ANOS

Copyright© 2005 by Luiz Fernando Leite

Todos os direitos desta edição reservados à Qualitymark Editora Ltda.
É proibida a duplicação ou reprodução deste volume, ou parte do mesmo, sob qualquer meio, sem autorização expressa da Editora.

Direção Editorial SAIDUL RAHMAN MAHOMED editor@qualitymark.com.br	Produção Editorial EQUIPE QUALITYMARK
Capa WILSON COTRIM	Editoração Eletrônica MS EDITORAÇÃO ELETRÔNICA

CIP-Brasil. Catalogação-na-fonte
Sindicato Nacional dos Editores de Livros, RJ

L554i

    Leite, Luiz Fernando — Inovação : o combustível do futuro / Luiz Fernando Leite. — Rio de Janeiro : Qualitymark : Petrobras, 2005
    168p.

    Inclui bibliografia
    ISBN 85-7303-592-7

    1. Inovações tecnológicas — Administração. 2. Tecnologia — Administração.
I. Título.

05-2521.
CDD 658.40352
CDU 658.589

2005
IMPRESSO NO BRASIL

Qualitymark Editora Ltda. Rua Teixeira Júnior, 441 São Cristóvão 20921-400 – Rio de Janeiro – RJ Tel.: (0XX21) 3860-8422	Fax: (0XX21) 3860-8424 www.qualitymark.com.br E-Mail: quality@qualitymark.com.br QualityPhone: 0800-263311

Apresentação do Centro de Pesquisa e Desenvolvimento da Petrobras

A tecnologia é a base sobre a qual foi construída, ao longo dos últimos 50 anos, a bem sucedida trajetória da Petrobras. Neste meio século, graças aos investimentos efetuados em pesquisa e ao desenvolvimento tecnológico, a Petrobras superou barreiras e alcançou amplo reconhecimento.

Nessa era de rápidas mudanças e transformações, o pioneirismo, mais do que uma estratégia de competição, é uma questão de sobrevivência. Entretanto, o processo de crescimento e desenvolvimento não é simples – já que as contínuas mudanças exigem constante capacidade de inovação. A gestão de inovação tem que ser encarada, então, como a gestão de um ativo estratégico. O Centro de Pesquisas da Petrobras, ciente de seu importante papel no desenvolvimento tecnológico da empresa e do país, vem dando especial atenção à inovação tecnológica.

O ciclo da inovação se sustenta na existência de infra-estrutura adequada, de ambiência propícia, de pessoal capacitado e qualificado e se concretiza não na geração de idéias criativas, mas, sim na colocação do novo produto no mercado ou na implementação do novo processo em escala industrial, traduzindo-se em ganhos para a corporação nas dimensões econômicas, sociais e ambientais.

Ousar, inovar, surpreender, tornam-se ainda mais complexos e desafiadores num ambiente onde todos, inclusive os concorrentes, buscam esse mesmo objetivo. Nesse ambiente, a capacidade e a competência na prospecção, tanto do mercado como de tendências tecnológicas, se tornam fatores críticos de sucesso.

Nesse sentido, além da tradicional abordagem que direciona os esforços tecnológicos em função dos objetivos empresariais, é essencial a adoção de um novo paradigma, onde a possibilidade de êxito futuro no desenvolvimento de tecnologias inovadoras, muitas vezes ainda embrionárias no momento, pode e deve ser considerada na própria definição das estratégias e dos objetivos da corporação.

Assegurar o êxito futuro está associado a inovar no presente. Criatividade para pensar o novo. Ousadia para criar o novo. Refletir sempre sobre as palavras de Albert Einstein: "Se, a princípio, sua idéia não parece ser absurda, muito provavelmente ela não é inovadora".

Por outro lado, após a plena compreensão dos conceitos e das idéias que levam ao produto inovador, a reação é quase sempre a mesma. Absoluta perplexidade diante da simplicidade, o ovo de Colombo. Essa mágica combinação, do simples que é inesperado, trouxe a Petrobras à posição de destaque e vanguarda, que hoje ocupa na indústria mundial.

O empolgante entusiasmo e a obstinada dedicação de profissionais como o Engenheiro Luiz Fernando Leite, autor deste livro, são os mais importantes impulsionadores, tanto para a geração das inovações, como para a síntese e a transmissão de conhecimentos e idéias aplicáveis à gestão do processo de inovação.

Boa leitura.

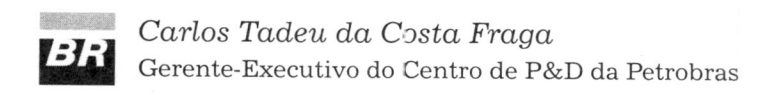

Carlos Tadeu da Costa Fraga
Gerente-Executivo do Centro de P&D da Petrobras

Apresentação do Desenvolvimento de Sistema de Gestão da Petrobras

O contato mais estreito com o tema inovação surgiu em 1990 quando assumi a Superintendência da Área de Exploração, Perfuração e Produção do Centro de Pesquisas da Petrobras, o CENPES.

Minha formação acadêmica e a atividade profissional desempenhada, até aquele momento, eram basicamente da área operacional. Graduado em Engenharia Civil, com extensão em Engenharia de Petróleo, possuo doze anos como engenheiro na Bacia de Campos, na qual exerci a função de Superintendente de Produção da maior região produtora da Petrobras.

A nova missão consistia em liderar um grupo com características e complexidades singulares. Situava-se no outro extremo da cadeia de produção de bens e serviços: a atividade que essencialmente tem o objetivo de gerar inovação.

Percebi a grande oportunidade de evolução que teríamos se atuássemos em aproximar a cultura do "não errar", dos centros de pesquisas, à cultura do "não parar", típica dos órgãos operacionais. Este pensamento parece lógico, mas nem sempre é percebido. Um pesquisador precisa dar respostas certas e precisas, preservando a sua credibilidade. Um órgão operacional trabalha pela sua constância operacional e o inovar é considerado uma possibilidade de perturbação do processo produtivo.

Entretanto, o tema inovação, pela sua importância e complexidade, considerando nossa situação de país em desenvolvimento, necessita de um intenso e profundo debate que contribua com a inserção massiva deste tema na geração de bens e serviços.

O livro *Inovação: O Combustível do Futuro* oferece uma contribuição ímpar para este debate e os números corporativos que o eng. Luiz Fernando Leite apresenta podem ser considerados uma evidência do quanto precisamos evoluir.

Sua experiência de quase trinta anos de atuação na área de pesquisas e seu profundo conhecimento permitem que o tema seja enfocado sob os mais diversos pontos de vista. A abordagem dos diferentes papéis do governo, da academia, da empresa, dos órgãos não-governamentais, juntamente com uma análise consistente do processo de inovação, contribui para a reflexão.

Encontra-se descrita também a estrutura organizacional e os produtos gerados pelo Centro de Pesquisas da Petrobras, além do sistema de governança da tecnologia na empresa.

É apresentada a experiência de dois grandes programas tecnológicos da Petrobras, quais sejam os de Águas Profundas e de Craqueamento Catalítico Fluído, bem-sucedidos e reconhecidos internacionalmente.

A leitura deste livro é, certamente, um excelente combustível para o tema inovação, em qualquer área.

Boa leitura.

Irani Carlos Varella
Gerente Executivo de Desenvolvimento de Sistema de Gestão da Petrobras.

Apresentação da Universidade Petrobras

Criativo por tradição e necessidade, o povo brasileiro não tem historicamente experimentado na prática, os frutos desta característica tão perseguida e valorizada pelos países desenvolvidos. Transformar essa vocação natural em benefícios para a nossa sociedade é um imperativo que não pode mais ser postergado.

Neste livro o engenheiro e pesquisador Luiz Fernando Leite, do Centro de P&D Leopoldo Américo Miguez de Mello/CENPES, da Petrobras, nos convida a importantes reflexões, ao analisar, com fatos e dados, o panorama da gestão da inovação no Brasil.

A preciosa contribuição nos brinda com um agradável compartilhamento de aprendizados, destacando conceitos, agentes, classificações e aspectos relevantes do processo e dos elementos propícios a um ambiente de inovação, bem como da política industrial e tecnológica do País. O papel da Academia é tratado com ênfase na necessidade de maior integração entre a universidade e o meio empresarial, em prol da inovação e do avanço tecnológico.

A discussão do modelo de Gestão de Tecnologia da Petrobras, apresentado como um caso brasileiro de sucesso, faz-se extremamente oportuna e enriquecedora, no momento em que esta Companhia lança o seu Plano de Negócios 2006-2010, reafirmando sua arrojada visão de futuro.

Enfim, o autor nos mostra a necessidade de repensar, com urgência, o modelo e as estratégias para que a expansão planejada do desenvolvimento cientifico e tecnológico seja definitivamente percebida e tratada com um fator da mais alta relevância para o País.

É com muito orgulho que a Petrobras, através da sua Universidade, publica este trabalho, colocando-o à disposição da sociedade brasileira.

BR *Walter Luiz Brito dos Santos*
Gerente Geral de RH – Universidade Petrobras

Prefácio

A humanidade atravessa um período de transição.

A chegada do século XXI é marcada por uma onda de novos conceitos e novos padrões sobre tudo que se relaciona a todas as atividades de homens e mulheres neste pequeno, belo e único planeta azul. E a palavra "todas" é aqui aplicada na sua máxima extensão de significado.

Na verdade, não está ficando pedra sobre pedra. Vivemos uma verdadeira revolução. E, como em toda revolução, prognosticar sua trajetória e o alvo estável para que se destina é tarefa impossível de ser realizada. Entretanto, observadores mais atentos têm se manifestado a respeito de pontos fundamentais, alicerces deste movimento.

O primeiro deles é que, se de um lado se trata, diferentemente do passado até recente, de um processo global, por outro, como sempre, carrega as marcas odiosas das gigantescas injustiças sociais que sempre castigaram a humanidade, séculos afora.

Entretanto, como todas as revoluções por que passou a humanidade, os objetivos desta são igualmente libertários, consistindo, na sua essência, na superação da tragédia social em que se afunda quase 80% da população mundial.

Como este objetivo nobre e meritório será atingido?

Para responder, é necessário admitir-se que as nações periféricas – onde se concentram os bilhões de pobres e indigentes do planeta – têm papel decisivo nesta peleja.

O Brasil acaba de emergir de um ciclo obscurantista, ao longo do qual a comunidade tecnológica nacional assistiu ao desmonte de um patrimônio de saber e de saber-fazer genuinamente brasileiro. Construído em algumas décadas de grandes investimentos públicos, este patrimônio foi alvo cuidadosamente arquitetado, concebido e operado pela própria política oficial.

A capacitação para desenvolver tecnologia é, sem dúvida, o fator crítico que têm os países para exercer sua soberania e adquirir poder real de decidir – autonomamente – seu futuro. Somente com políticas de concreto apoio ao desenvolvimento de tecnologia, enxerga-se uma luz no fim do túnel, que não é o farol do trem!

Com o programa de privatização do complexo industrial-tecnológico estatal, na última década, foram-se os seus centros de P&D já estabelecidos, jogando-se fora décadas de investimentos bilionários. Para assegurar o acabamento dessa obra sinistra, o sistema universitário brasileiro igualmente foi arrasado.

Das principais armas da dominação das quais os países centrais se utilizam para manter seu poderio, destacam-se o conhecimento e a tecnologia. A experiência vivida pela Petrobras, a partir de uma decisão política tomada há cerca de 40 anos, em instituir um centro de desenvolvimento tecnológico (Cenpes), constitui prova definitiva de como estão corretas estas reflexões.

Investir de forma permanente no treinamento e capacitação das pessoas, em equipamentos e laboratórios sempre modernizados e, principalmente, em projetos ligados às necessidades operacionais de curto, médio e longo prazos, permitiu à Petrobras alcançar níveis de autonomia decisória que lhe garantem a sustentabilidade financeira.

Pode-se mesmo afirmar que a Petrobras superou todos os desafios tecnológicos com que se deparou, conquistando um valor fundamental para as sociedades dos países periféricos avançarem política, social e economicamente, qual seja a auto-estima e a confiança em suas próprias soluções para resolver seus próprios problemas.

Aqui entra, de forma indiscutível, a meu ver, a essência deste livro do, colega e amigo, Luiz Fernando Leite, pesquisador competente do Cenpes, que expõe com clareza e objetividade suas reflexões sobre o processo criativo do desenvolvimento tecnológico.

É livro para ler e refletir, importantíssimo nos dias que correm, quando os velhos temas de soberania, nacionalismo e justiça social refluem, retornam à tona, como provas incontestáveis da falência do modelo neoliberal, neocolonizador, que se tentou instalar no planeta.

E, como alerta, à lembrança de que necessitamos, como povo e nação, encontrar e construir nosso próprio caminho.

Guilherme de Oliveira Estrella
Diretor de Exploração e Produção da Petrobras

Sumário

Introdução 1

Capítulo 1:
Conceituação 7

Capítulo 2:
O Sistema Nacional de Inovação: O Papel do Governo 19

Capítulo 3:
A Academia 31

Capítulo 4:
A Empresa 41

Capítulo 5:
A Entidade Não-governamental 51

Capítulo 6:
O Processo de Inovação 55

Capítulo 7:
O Centro de P&D Leopoldo Américo Miguez
de Melo – O Cenpes 67

Capítulo 8:
Casos Brasileiros de Inovação: A Produção de Petróleo
em Águas Profundas 79

Capítulo 9:
O Craqueamento Catalítico Fluido 105

Capítulo 10:
Análise do Ambiente de Inovação 135

Referências Bibliográficas 147

Introdução

Ih!... Temos que inovar!

De repente, o país despertou para esta necessidade e a palavra "inovação" entrou em voga. Sempre fomos flexíveis, damos aquele "jeitinho" em tudo, o que é tido como uma qualidade favorável à inovação. A nossa cultura é reconhecida como altamente criativa, tendo como traços marcantes a adaptabilidade e a flexibilidade para lidar com situações adversas. Inspiração também não nos falta, vide a nossa música popular. Entretanto, existe uma dificuldade em conectar estas habilidades ao meio produtivo e aos negócios para gerarmos riqueza, o que resulta numa perda para a nossa sociedade.

Uma das definições de inovação é: uma nova idéia aliada a sua implementação, objetivando a consecução de um fim desejado.

inovação = idéia + aplicação + resultado

A inovação só ocorre quando chega ao meio produtivo. Esta dificuldade de atrelarmos nossa criatividade aos nossos negócios é, em parte, também constatada ao analisarmos o padrão da produção científica brasileira – trabalhos em simpósios, congressos e publicações especializadas –, que cresceu significativamente na última década atingindo um patamar relevante, em nível mundial. Enquanto o número de patentes geradas é extremamente reduzido, estando o Brasil em posição comparativa ao

Uruguai e abaixo da Croácia e da Argentina no número de patentes concedidas por milhão de habitantes.

Os números de patentes obtidas dos países desenvolvidos são de ordem de grandeza maiores que o nosso, como pode ser visto no Gráfico 1. Estes prestigiam as políticas de propriedade intelectual internacionais e influenciam os países periféricos de modo a apoiá-las, preservando assim a sua hegemonia. O trabalho de Fagerberg[1] mostrou a correlação existente entre o PIB per capita de um país e o seu número de patentes.

A inovação tecnológica é condição essencial para estimular o progresso econômico de um país e garantir a competitividade de suas empresas. Porter[2], em seu livro "A vantagem competitiva das nações", suscita a necessidade de uma nova teoria sobre a vantagem competitiva, que tem a inovação, o melhoramento em métodos produtivos e a tecnologia como seus elementos basilares.

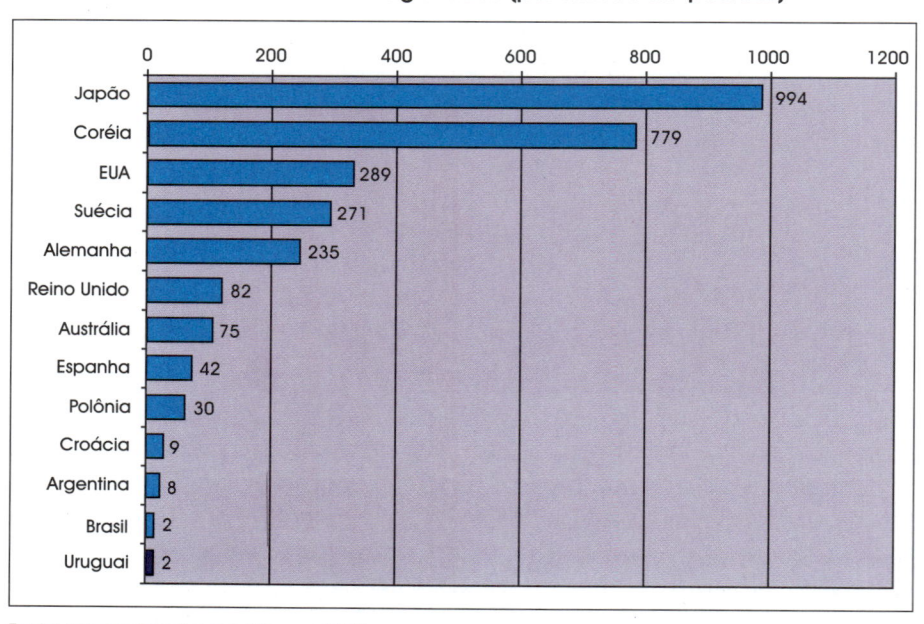

Gráfico 1: Patentes Registradas (por milhão de pessoas)

Japão	994
Coréia	779
EUA	289
Suécia	271
Alemanha	235
Reino Unido	82
Austrália	75
Espanha	42
Polônia	30
Croácia	9
Argentina	8
Brasil	2
Uruguai	2

Fonte: Human Development Report 2001

> O mercado globalizado está exigindo produtos de maior qualidade e complexidade produtiva.

Outro aspecto que comprova a carência de inovações na atividade produtiva nacional é a baixa intensidade tecnológica de nossa carteira de exportação. Nossa pauta é majoritariamente composta por produtos primários, como soja e seus derivados, minério de ferro, frango, café etc., tendo como honrosa exceção o item "aviões", graças à Embraer. Este é o segundo produto em montante exportado, com alto valor agregado, em torno de mil dólares por quilo, enquanto que a soja tem um valor de 22 centavos de dólar por quilo e o minério de ferro, menos de dois centavos de dólar por quilo. A propósito, esses produtos primários não prescindem de tecnologia, e se hoje exportamos muita soja, é devido à tecnologia agrícola e ao esforço realizado pela Embrapa.

Ficou evidenciada a primerização de nossa pauta de exportação quando, no início do segundo mandato de Fernando Henrique Cardoso, após violenta desvalorização cambial, tivemos grande dificuldade em incrementar as nossas exportações, e o equilíbrio da balança de comércio exterior foi obtido, inicialmente, por uma significativa redução na importação de produtos.

Um fato também relevante é o déficit da balança comercial em setores de produtos de maior valor agregado, como na área de químicos, em que eram esperado para o ano de 2004 que as importações excedessem as exportações em US$ 8,5 bilhões. Outra área que tem amargado déficit constante é o setor eletroeletrônico. O coeficiente importação/consumo de bens para este segmento passou de 10% a 66%, entre 1991 e 2000.

O modelo de substituição de importações, adotado no período dos governos militares, desenvolveu uma mentalidade de cópia de produtos e garantia de mercado, ao invés de criar uma cultura de busca do novo e aceitação do risco em nosso ambiente de negócios.

Andreassi[3] usou a base de dados da Associação Nacional de P&D e Engenharia das Empresas Inovadoras (Anpei) em sua tese de doutorado, em que objetivou relacionar o esforço de P&D e os resultados obtidos por empresas brasileiras. Podemos afirmar que esse banco de dados é composto por empresas líderes nacionais, cuja média de 37% do faturamento advém de novos produtos. Na III Conferência Anpei, realizada em maio de 2003, o Sr. Claus Weyrich, executivo mundial de Tecnologia da Siemens, afirmou que 75% das vendas de sua empresa são de produtos com menos de cinco anos de vida e os produtos antigos representam apenas 6% do faturamento. Na visão do palestrante, a inovação impulsiona a produção e, conseqüentemente, a venda.

Há uma diferença significativa entre as grandes empresas multinacionais e as brasileiras. Se compararmos, veremos que mesmo as nossas empresas líderes estão longe de chegar ao dinamismo daquelas. Não temos, entre nós, exemplos como a Lucent Technologies, Inc, com sede em New Jersey, EUA, criadora de telefones, sistemas e softwares de telecomunicação que, juntamente com sua unidade Bell Laboratories, gera em média três novas patentes a cada dia útil[4].

Não adianta tentarmos copiar modelos, métodos de gerenciamento e marketing dessas grandes corporações. O ambiente de negócios, a cultura, o nível de recursos e nossas características sociotecnológicas são muito distintos. Certamente incorreríamos, mais uma vez, no erro da cópia.

Devemos explorar mais as vantagens competitivas que apresentamos em alguns setores. O mundo moderno é cheio de dicotomias e paradoxos. Hoje, está em moda o "natural", justamente para fazer frente ao desenvolvimento desenfreado e ao artificialismo tecnológico. A ioga, a medicina natural, a homeopatia e a alimentação natural ganham força e mercado. Temos a mais rica biodiversidade do planeta, 22% de todas as espécies existentes, a maior floresta tropical e a maior planície alagada do mundo, o Pantanal. Por outro lado, não temos, ainda, marcas internacionais fortes de produtos fitoterápicos. A Natura está começando a se destacar agora com a linha "Natura Ekos", uma iniciativa digna de aplausos. A propósito, não está na hora de criarmos uma franquia internacional de sucos tropicais? O "Starbucks" dos sucos naturais, que venderia, por exemplo, um copo de suco a 3 ou 4 dólares nos países escandinavos, em lugar de exportarmos barato, em grandes volumes, os nossos sucos. E o ecoturismo? Estamos perdendo para a Costa Rica! Devemos ser o maior exportador mundial de biodiesel? Não estamos negligenciando a energia solar? Nosso potencial hidroviário não está sendo subutilizado? Que tal exportarmos capoeira e forró?

    O que me leva a escrever este livro é justamente a vontade de contribuir para a mudança deste quadro. Há uma urgência em alterarmos nossa rota. O governo, as empresas e o meio acadêmico se sentem insatisfeitos e incomodados com o status quo. Entretanto, existe dificuldade de estes agentes alinharem esforços para iniciar um ciclo virtuoso que resulte em inovações, gerando riqueza para a nossa sociedade. Por outro lado, há casos brasileiros de sucesso, como a já citada Embraer e a Petrobras, que é líder mundial de produção de petróleo em águas profundas graças às tecnologias desenvolvidas em seu Centro de P&D – Cenpes. Não devemos esquecer, na área de serviços, a GOL Linhas Aéreas que, com uma gestão inovadora e adotando uma política de preços mais baixos, tem apresentado resultados operacionais positivos em anos de terrível crise para o setor aéreo, além de continuamente expandir sua atuação, detendo, hoje, 20% do mercado de vôos domésticos.

    Gostaríamos de incitar esta discussão e sobretudo trazer um pouco da experiência que adquirimos nesses 27 anos de atividade profissional, trabalhando no Cenpes, executando e gerenciando projetos de P&D e atuando em conjunto com outras organizações de ciência e tecnologia, no país e no exterior.

    Iniciamos este livro conceituando a inovação, os seus agentes, as suas classificações e aspectos da sua gestão. Discorremos sobre o Sistema Nacional de Inovação e seus atores: governo, academia, empresas e organizações não-governamentais, analisando o ambiente de ciência e tecnologia do país, que justifica a situação em que nos encontramos. Discutimos o processo de inovação e apresentamos um modelo de Gestão de Tecnologia que está funcionando a contento na Petrobras, mas sendo continuamente questionado e aprimorado. Apresentaremos dois casos de sucesso de desenvolvimento de tecnologia feitos pela Petrobras: a produção de petróleo em águas profundas e a tecnologia de Craqueamento Catalítico Fluido para Resíduos. Analisaremos o ambiente empresarial e organizacional, no qual essas tecnologias foram geradas e seus aspectos facilitadores e inibidores à inovação.

A maioria do que for dito não é fruto de uma análise ou reflexão pessoal, mas produto de um meio altamente questionador e crítico em que convivo, onde tenho o privilégio de ser um mero aprendiz.

Capítulo 1

Conceituação

Dinâmico e Volátil

O mercado atual é caracterizado por uma alta competitividade, excesso de informação, alta instabilidade, curto ciclo de vida de produtos e concorrência acirrada, fazendo com que as empresas, para obter êxito, tenham que desenvolver a capacidade de inovar, gerando novos produtos e serviços, a um preço menor, com melhor qualidade e a uma velocidade maior que seus concorrentes. As empresas precisam atender, simultaneamente, às demandas por eficiência, qualidade, flexibilidade e agilidade, através da aplicação de novas tecnologias.

Uma outra característica da nossa sociedade moderna é a penetração e difusão da tecnologia. Hoje, ela está inserida no nosso cotidiano, no trabalho, na vida familiar e em nossa vida comunitária, ou seja: cada vez mais somos "tecnolo"– dependentes. Se ocorre um problema no servidor ou na rede de computadores de nossa empresa, praticamente ficamos impedidos de trabalhar. Os telefones celulares entraram em nossas vidas com tal essencialidade que parecem sempre ter existido. A conectividade se tornou condição básica para a existência moderna.

Os produtos ficam rapidamente obsoletos e existe uma avidez por novidades e novas tecnologias. Nonaka[5] afirma que neste cenário conturbado só as "empresas geradoras de conhecimento" (*knowledge-creating companies*) têm garantida a sua existência, pois o seu negócio é a inovação contínua.

Quando eu era garoto, gostava de brincar com meu caminhão de madeira. Para fazê-lo se deslocar, eu tinha que empurrá-lo ou puxar uma cordinha que estava amarrada a ele. Aprendi então que havia a necessidade de um contato físico para mover o meu brinquedo. Os meus filhos já conheceram o acionamento remoto. Com um controlador e apertando botões, eles não só moviam seus carrinhos eletrônicos como também faziam estes dar mil piruetas. Há uma diferença significativa entre essas gerações, pois viveram experiências cognitivas bem distintas, o que estimula o desenvolvimento de modelos mentais diferenciados, ou seja, são seres humanos com expectativas, desejos e hábitos diversos.

Hoje, a criança e o jovem de uma classe social favorecida lidam com uma série de brinquedos e produtos de entretenimento de alta intensidade tecnológica. Não há a mínima chance de um menino da classe média ou rica se interessar mais pelo carrinho de rolimã ou pela bola de gude, como eu fazia. Os jogos de computador e o *PlayStation* fazem parte da vida dele. Os integrantes desta nova geração vão se tornar adultos desejosos e, por que não dizer, "viciados" em consumir produtos de alta tecnologia.

O problema para uma sociedade pobre como a nossa é que a mesma tecnologia criadora de facilidades e oportunidades para quem pode adquiri-la é extremamente perversa, atuando de modo excludente para os menos favorecidos. Cabe aos agentes sociais, isto é, a todos nós, buscar mitigar seus efeitos danosos.

O modelo econômico vigente, a globalização, é altamente concentrador de riqueza. O que presenciamos nos últimos anos foram justamente as fusões, incorporações e alianças que transformaram as grandes corporações em megacorporações. Após os anos 80, as mudanças têm sido tão aceleradas que a capacidade de mudar tornou-se, por si só, uma importante vantagem competitiva. As empresas detentoras de tecnologia e conhecimento se lançaram em uma frenética busca de novos mercados, através da inovação.

Existe uma clara correlação entre tecnologia, pauta de exportação de alto valor agregado e nível de qualidade de vida de um país. Entretanto, maior valor agregado não significa somente tecnologia de ponta. *Design*, arte e cultura também agregam muito valor.

Para gerarmos riqueza contínua, necessitamos de inovações!

O que é inovação?

Há muitas definições de inovação, mas basicamente inovar é ter uma idéia antes dos concorrentes e explorá-la com sucesso. Segundo Simantob[6], "é uma iniciativa, modesta ou revolucionária, que surge como uma novidade para a organização e para o mercado e que, aplicada na prática, traz resultados econômicos para a empresa".

Schumpeter (1934)[7] foi um dos primeiros autores a desenvolver o conceito de inovação de modo abrangente, definindo-o como:

- introdução de um novo bem, com o qual os consumidores ainda não estejam familiarizados;
- introdução de um novo método de produção e que tenha sido gerado a partir de uma nova descoberta científica ou um novo método de tratar comercialmente uma *commodity*;
- abertura de um novo mercado em que uma área específica da indústria não tenha penetrado, independentemente de o mercado já existir;
- a conquista de uma nova fonte de suprimento de matéria-prima ou bens parcialmente manufaturados;
- o aparecimento de uma nova estrutura organizacional em um setor.

Há uma gama enorme de percepções e significados complementares que mostram distintas visões sobre o tema inovação. Destacaremos as citações de alguns autores importantes:

"*A inovação pode ser vista como um processo de aprendizagem organizacional.*"

Bell e Pavitt/Universidade de Sussex

"*Inovação é uma nova idéia implementada com sucesso, que produz resultados econômicos.*"

Ernest Gundling/3M

"*Inovação é o resultado de um esforço de time.*"

Tom Kelley/Ideo

"*Inovação é a busca, descoberta, experimentação, desenvolvimento, imitação e adoção de novos produtos, novos processos e novas técnicas organizacionais.*"

Giovanni Dosi/Universidade de Pisa

"*Inovação é um processo estratégico de reinvenção contínua do próprio negócio e de criação de novos conceitos de negócio.*"

Gary Hamel/Strategos

"*Inovação é o ato de atribuir novas capacidades aos recursos existentes na empresa para gerar riqueza.*"

Peter Drucker/Universidade de Claremont

"*As organizações inovadoras são aquelas que se aproximam do limite do caos.*"

Fritjof Capra/Universidade de Berkeley

Onde podemos inovar?

A classificação quanto aos tipos de inovação, do Fórum de Inovação da Escola de Administração de Empresas de SP, da Fundação Getulio Vargas, é muito apropriada. São divididos em quatro:

- *Inovação de produtos e serviços* – desenvolvimento e comercialização de produtos ou serviços novos, fundamentados em novas tecnologias e vinculados à satisfação dos clientes.

- *Inovação de processos* – desenvolvimento de novos meios de produção ou de novas formas de relacionamento para a prestação de serviços.

- *Inovação de negócios* – desenvolvimento de novos negócios que forneçam uma vantagem competitiva sustentável.

- *Inovação em gestão* – desenvolvimento de novas estruturas de poder e liderança.

A inovação pode ocorrer no design, no produto, no processo de produção, na técnica de marketing, no serviço agregado ao produto, no modo de comercialização, no serviço prestado ao cliente, na gestão da cadeia de valor, na relação com fornecedores e clientes. É essencial que a inovação atenda a uma necessidade ou desejo do consumidor, de modo a efetivamente criar valor.

Quem é o agente da inovação?

Todos os empregados de uma organização, da recepcionista ao diretor-executivo. Qualquer pessoa que componha a força de trabalho deve se posicionar proativamente e ser gerenciada como um profissional apto a cooperar e contribuir para a melhoria e a inovação nos processos da empresa, gerando valor para a organização e seus clientes.

O conceito de "empresa ampliada", termo criado pela Chrysler, que será abordado em capítulo subseqüente, consiste em integrar ao time de inovadores de uma organização seus fornecedores, clientes e parceiros.

A inovação não é assunto exclusivo de tecnólogos, ou seja, da equipe de P&D, do grupo de desenvolvimento de produto ou

> Uma organização inovadora é aquela que, permanentemente, incentiva e dá o correto tratamento às idéias geradas.

do time de criação. O ideal é que se desenvolva uma cultura de inovação e esta permeie toda a organização e transcenda os seus muros, envolvendo também entidades externas. De qualquer modo, P&D, Produção, Marketing, Vendas, Recursos Humanos, Suprimento, Financeiro, Jurídico, Apoio Administrativo etc., cada elo da cadeia produtiva deve analisar, repensar, otimizar e inovar seu ambiente produtivo.

É claro que existem áreas dentro de uma empresa e determinadas funções que exigem o atendimento a procedimentos programados e padrões bem definidos, que devem ser seguidos rigorosamente, até por motivo de segurança. Na sala de controle de uma refinaria ou na cabine de comando de um avião, não desejamos operadores e pilotos inovadores e altamente criativos. A inovação tem a sua hora! Para este tipo de atividade, novos procedimentos são testados exaustivamente, através de simuladores, antes de serem introduzidos no meio produtivo.

A Brasilata, empresa de capital totalmente nacional, terceira no nosso mercado de latas de aço, adota um modelo de gestão de participação em todos os níveis. Atingiu o índice de 11,6 idéias por funcionário em seu programa de sugestões, em 2002, enquanto a média brasileira é menor que 0,5 idéias por funcionário[8]. A empresa estimula a criatividade e o compromisso dos seus 900 funcionários, criando um meio inovador em que prevalece a busca por inovações que tragam resultados para a empresa.

Registrou mais de 30 patentes no Brasil e no exterior, inclusive a do "Fechamento Plus" (fechamento por travamento mecânico), a qual lhe rende *royalties*. A Brasilata já ganhou vários prêmios nacionais e internacionais devido a seus produtos inovadores.

Capítulo 1: Conceituação

Como são classificadas as inovações tecnológicas?

Normalmente, são classificadas como:

- *Inovação incremental* – melhoria do desempenho de um processo, produto ou serviço, objetivando aprimorar ou expandir sua aplicabilidade (a redução do consumo energético ou do impacto ambiental no processo de produção ou na aplicação do produto) e a redução de seu custo.

- *Inovação radical* – surgimento de um novo processo ou produto com desempenho, características ou atributos significativamente diferentes que impactem o mercado existente, abrindo oportunidade a novos negócios.

Recentemente, surgiu uma outra forma de classificar as inovações, sugerida por C. M. Christensen em seu livro *The Innovator's Dilemma*:

- *Inovação sustentativa* – melhora a performance de um produto já existente, podendo ser incremental ou radical.

- *Inovação diruptiva* – traz uma proposição de valor diferente, diminui a performance, mas agrega novos valores ou atributos. Normalmente, é mais simples, mais funcional, mais barata, menor e mais conveniente.

Como é o processo de inovação tecnológica?

A inovação, em geral, é um processo caótico que envolve toda a cadeia produtiva. Temos de criar o que não sabemos; o processo é complexo e incerto, como representado na Figura 1. A idéia original evolui passando pelo estágio de **concepção** e **explicitação**, sendo enriquecida através da coleta de dados, troca de informações, verificação do estado da arte e pesquisas bibliográficas.

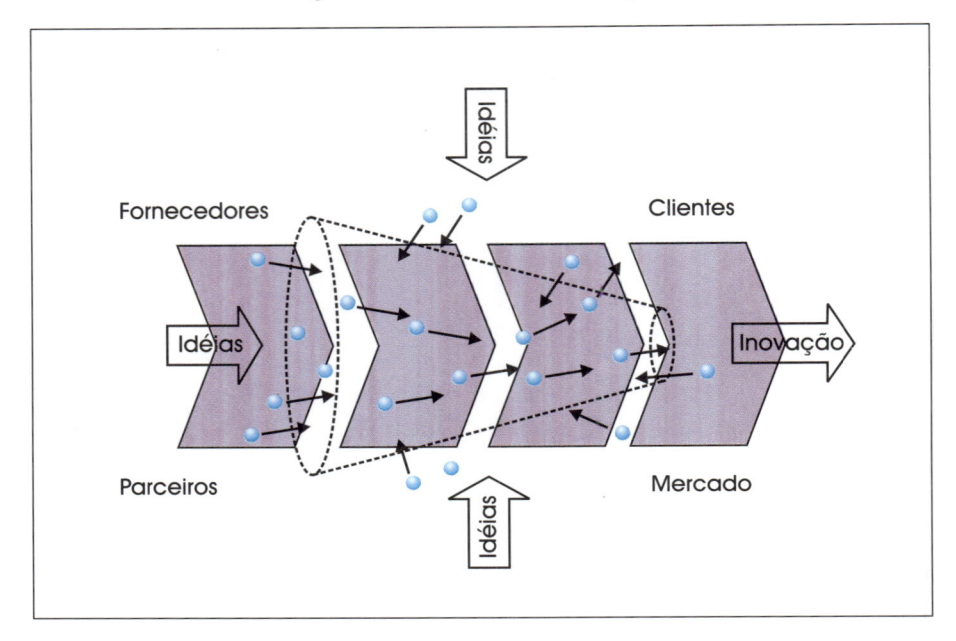

Figura 1: Processo de Inovação

Essa idéia pode ter sua gênese na busca do atendimento de uma demanda evidente do mercado ou por uma nova oferta de conhecimento (*market pull* ou *science push*), bem como atender a demandas não explicitadas, gerando novos mercados. Uma vez refinada, a idéia passa ao estágio de **experimentação preliminar** e depois evolui para a **pesquisa**, objetivando testar a sua viabilidade técnica. Neste caminho, sofre influências, desvios e retro-alimentações, agrega novas informações do marketing, da produção, de parceiros e outros, normalmente afastando-se da idéia original. Neste ponto, o projeto costuma ser pré-avaliado quanto a sua exeqüibilidade.

O projeto, mostrando-se promissor, entra na fase de **desenvolvimento**, sendo confirmados e aprimorados os seus principais parâmetros de processo ou as principais especificações do produto. Se estamos na fronteira do conhecimento, muitas vezes necessitamos construir uma unidade de demonstração para testar o processo ou construir um protótipo do produto. Em alguns casos,

> Integrar a inovação à cadeia produtiva. Inovação é muito mais que um assunto de tecnólogos!

podemos executar diretamente uma **corrida de demonstração**, em instalação comercial já existente. Nesse estágio, geralmente o projeto sofre realimentações, realinhamentos e novos testes são executados para verificar a sua robustez. A Engenharia e Finanças executa o **estudo de viabilidade técnico-econômica** do empreendimento.

Demonstrando bom retorno econômico, o projeto entra na fase de concretização. Se for desenvolvimento de novo processo produtivo: **projeto de engenharia básica e detalhamento, compra de equipamentos** e **construção de nova unidade fabril, préoperação** e **partida da unidade**. Se for de desenvolvimento de produto: **projeto de engenharia para adaptação do meio produtivo; criação de padrão de processo e produto; fase de pré-comercialização; teste de lançamento no mercado**; e **comercialização do produto** (distribuição e vendas).

O processo de inovação se aproxima mais do modelo descrito por Kline[9], que enfatiza as interações entre as diferentes fases do processo, não havendo limites rígidos entre os elementos da cadeia de inovação. Este pode incorporar agentes externos, como clientes, fornecedores e parceiros, além de informações mercadológicas atualizadas.

Gestão de Inovação é a mesma coisa que Gestão do Conhecimento?

Embora se pareçam e se confundam, a Gestão da Inovação tem como foco a criação de um novo valor. Para entender a diferença, é necessário que se faça um exercício de conceituação. No mundo dos negócios, **conhecimento** pode ser definido como a informação transformada em capacidade de exercer ação efetiva. Para a **gestão do conhecimento**, também não existe definição universal, mas pode ser entendida como o conjunto de processos e tecnologias destinadas à captura, ao compartilhamento e à aplicação do conhecimento coletivo, de forma a otimizar a tomada de decisão em tempo real. O que diferencia a **gestão da inovação** é seu objetivo de criar e renovar o estoque de conhecimento, disponibilizando novos serviços e produtos à sociedade. A gestão do conhecimento habilita a gestão da inovação.

Como devemos gerenciar a inovação?

Este é o dilema! A gestão da inovação não é trivial. É claro que existem práticas e metodologias que devem ser sistematizadas, pois facilitam o bom andamento do processo de inovação. Portanto, este processo pode e deve ser gerenciado, mas não há uma receita de sucesso. O *Science and Technology Policy Research – SPRU*, da Universidade de Sussex no Reino Unido, que está desenvolvendo o projeto *MINE – Managing Innovation in the New Economy*, entrevistou 75 gerentes de P&D ou CTOs (*Chief Technology Officers*) e fez também uma enquete entre 80 empresas dos EUA, Canadá e Europa, e teve como claro resultado a não-existência de "práticas universais de gestão da inovação". Existem, sim, algumas políticas facilitadoras, dinâmicas de criação de valor através da inovação e metodologias efetivas a serem aplicadas em etapas específicas do processo de inovação.

A Ideo, maior e mais prestigiada empresa de design e desenvolvimento de produto dos EUA, criou cultura, ambiente, conhecimentos e metodologia próprios de inovação, que funcionam muito bem para aquilo a que a empresa se propõe e para o mercado em que atua. Hoje, 30% do seu faturamento anual de aproximadamente US$ 100 milhões advêm de consultoria sobre gestão da inovação, ou seja, da transferência do seu processo de inovação para outras empresas.

O processo de inovação é complexo, e é influenciado por fatores internos e externos da empresa. O sucesso depende do cenário socioeconômico, de aspectos de mercado e do ambiente interno da empresa, tais como:

- situação macroeconômica;
- contexto social;
- sistema educacional;
- políticas públicas;
- setor produtivo;
- tipo de produto – tempo de vida do produto; nível de concorrência; nível de diferenciação;
- posicionamento no mercado;
- facilidade de parcerias;
- recursos disponíveis;
- capacitação;
- base tecnológica;
- modelo de gestão – aceitação do risco, sistema de recompensa e punição etc.;
- clima organizacional.

Para finalizar, podemos dizer que uma dada invenção não pode ser prevista, mas os gestores devem criar um ambiente, metodologias, estrutura e convívio pessoal adequados que favoreçam a inovação. Dedicaremos um capítulo deste livro para discorrer sobre o Sistema de Gestão Tecnológica que a Petrobras desenvolveu e que, no ambiente tecnológico de petróleo e gás, tem funcionado a contento.

Capítulo 2

O Sistema Nacional de Inovação

Um ambiente de ciência e tecnologia adequado é muito importante para estimular a inovação. Nos países desenvolvidos existe uma estratégia governamental de integração dos diferentes atores, como universidades, centros de pesquisas, empresas, governo e ONGs em busca de uma meta comum que é desenvolver a inovação no país, de modo que este seja um exportador de sua inteligência e criatividade, além de preservar a sua hegemonia. Esta estratégia é viabilizada através do que chamamos de Sistema Nacional de Inovação, uma rede de entidades que têm em comum o interesse pela inovação.

Em outubro de 1979, o presidente americano Jimmy Carter promoveu uma revisão da política de inovação industrial com o objetivo de melhorar a produtividade e estimular a criação de empregos para trabalhadores americanos, criando um comitê com 150 representantes seniores dos setores: industrial, público, sindical-trabalhista, científico-tecnológico e academia. Esse comitê delineou um programa de incentivo à inovação industrial, que foi encaminhado ao Congresso Americano.

Se você visitar o *site* do Departamento de Energia Americano[10], encontrará os objetivos da pesquisa científica fomentada pelo governo. Os principais são:

1) Os EUA devem estar entre os líderes em todas as principais áreas da ciência.

2) Os EUA devem se manter inquestionavelmente na liderança em áreas científicas prioritárias. A seleção dessas áreas é norteada pelos objetivos nacionais definidos por critérios externos à área de pesquisa.

Os países desenvolvidos, como EUA, Japão, França e Alemanha, historicamente investem cerca de 2,3% a 2,7% do PIB em P&D. No Brasil, temos investido aproximadamente 1,1% nos últimos anos. Este investimento precisa crescer, pois, para conferir competitividade ao nosso parque empresarial, é preciso criar a capacidade de desenvolver internamente inovações tecnológicas, bem como selecionar, absorver, adaptar e aprimorar as tecnologias importadas.

Um Sistema Nacional de Inovação efetivo tem em seu centro o setor produtivo – a empresa – pois esta é a aplicadora da inovação, como está representado na Figura 2.

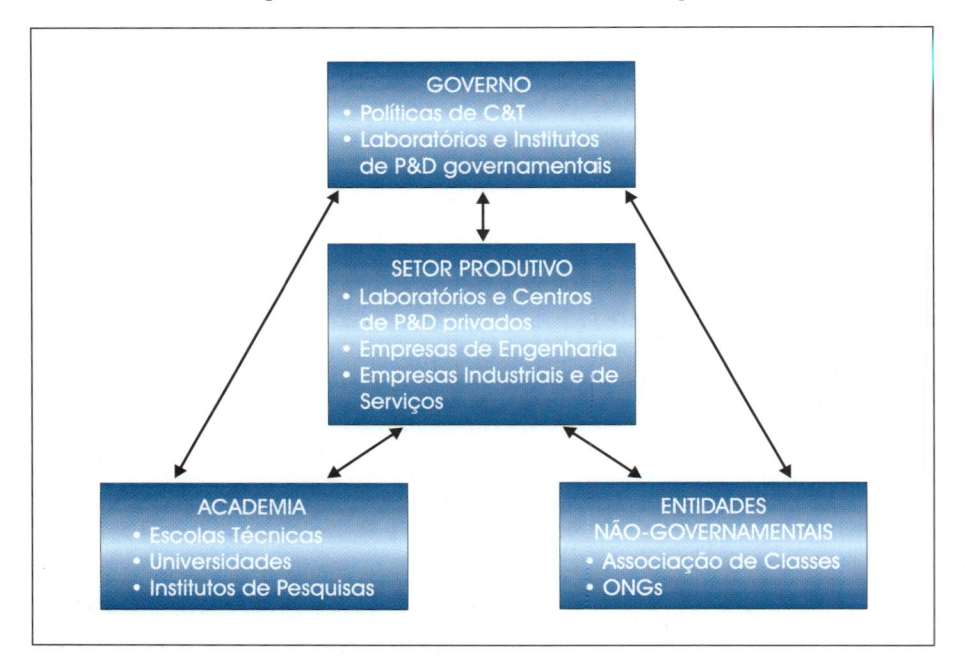

Figura 2: Sistema Nacional de Inovação

GOVERNO
- Políticas de C&T
- Laboratórios e Institutos de P&D governamentais

SETOR PRODUTIVO
- Laboratórios e Centros de P&D privados
- Empresas de Engenharia
- Empresas Industriais e de Serviços

ACADEMIA
- Escolas Técnicas
- Universidades
- Institutos de Pesquisas

ENTIDADES NÃO-GOVERNAMENTAIS
- Associação de Classes
- ONGs

É o agente que utiliza o conhecimento científico e tecnológico na geração de produtos e serviços, criando riqueza para a sociedade. Este sistema deve operar como uma rede, cujo produto principal é o conhecimento, devendo este ser bem gerenciado de modo a subsidiar o governo para o estabelecimento de políticas públicas e as empresas para o aumento de sua competitividade.

Os cientistas acadêmicos P. Patel e K. Pavitt classificaram os Sistemas Nacionais de Inovação em três níveis: sistemas maduros, sistemas intermediários e sistemas incompletos. O sistema brasileiro se enquadra na última categoria, caracterizado por infra-estrutura tecnológica mínima, existindo um sistema de ciência e tecnologia, mas não convertido num efetivo sistema de inovação[6].

A seguir, vamos analisar o papel de cada um desses atores, comentando alguns aspectos que consideramos serem facilitadores ou inibidores da eficiência deste sistema. Começaremos pelo governo.

O Papel do Governo

O governo deve prover recursos de forma continuada e ter um sistema efetivo de fomento ao desenvolvimento científico e tecnológico, contribuindo com:

- a formação de recursos humanos bem qualificados;
- a execução de atividades de P&D em institutos e laboratórios governamentais em áreas estratégicas;
- a concessão de incentivos fiscais às empresas que investem em P&D;
- o financiamento favorecido para empresas que investem no desenvolvimento de tecnologia de ponta;
- a criação de redes, bases de dados, sistemas de informação e bibliotecas;

- a política de compras governamentais, apoio à exportação etc.;
- sistemas de patentes e marcas, regulamentação, normas e padrões, que sejam facilitadores à preservação de direitos à propriedade intelectual e disseminadores de boas práticas para as empresas nacionais;
- medidas de ordem econômica que reduzam custos da implementação de inovações no meio produtivo e de lançamento de novos produtos.

Um aspecto importante é que as políticas públicas para o incentivo ao desenvolvimento de tecnologia sejam estáveis e de longo prazo. No Brasil, estas normalmente sofrem altos e baixos, principalmente, com as trocas de governo, sendo comuns cortes, reservas de contingências e mudanças de regras. Outra dificuldade é afinar e convergir as ações dos diferentes ministérios.

Podemos classificar os instrumentos governamentais de apoio à inovação nas empresas como diretos e indiretos. Os diretos são:

- Instrumento fiscal – deduções e créditos fiscais.
- Instrumento financeiro – empréstimos, capital de risco, participação acionária e bolsas RHAE (Recursos Humanos em Áreas Estratégicas).

Os indiretos são:

- Suporte tecnológico e gerencial – Sebraetec (Programa Sebrae de Consultoria Tecnológica), Fundos Setoriais, Programa Pite (Parceria para a Inovação Tecnológica da Fundação de Amparo à Pesquisa do Estado de São Paulo).
- Instrumentos administrativos – propriedade industrial, priorização de setores estratégicos.
- Instrumento mercadológico – poder de compra do Estado, reserva de mercado, apoio à exportação.

Não pretendo ser exaustivo avaliando cada instrumento, mas gostaria de tecer comentários em relação a alguns que poderiam ser aprimorados de modo a facilitar a inovação. A propósito, há alguns instrumentos que estão cumprindo efetivamente a sua função.

Incentivos Fiscais para a Capacitação Tecnológica das Empresas

A Lei 8.661/93 prevê a dedução do Imposto de Renda com P&D próprio ou contratado em 4%. Este percentual é acanhado, pois inclui também o dispêndio com o Programa de Alimentação do Trabalhador (PAT). Países que priorizam o desenvolvimento tecnológico, como o Canadá e a Coréia, limitam o abatimento de IR em 50% e 30%, respectivamente. Um outro problema é que nossa economia é instável. Historicamente, crescemos a taxas muito baixas, e muitas empresas estão no vermelho, fazendo com que este incentivo, que já é pequeno, torne-se praticamente inexistente. Como não nos faltam impostos, não seria o caso de estendermos esta dedução a outros impostos federais? Caso contrário, ficamos no ciclo vicioso: a empresa está mal e sua posição competitiva poderia ser alavancada pela tecnologia, mas, como ela está mal, não recebe nenhum incentivo para investir em tecnologia.

Financiamento de Estudos e Projetos de P&D

A Finep (Financiadora de Estudos e Projetos) é o principal organismo governamental de apoio e estímulo ao desenvolvimento tecnológico, conhecida como Agência Brasileira de Inovação. Esta promove a cooperação entre empresas, instituições de pesquisa e demais agentes de desenvolvimento, objetivando a dinamização do processo de inovação. Tem desempenhado um papel importante na concepção, planejamento e operação de redes de pesquisa básica e pré-competitiva, bem como na expansão e modernização da infra-estrutura pública de pesquisa.

No relacionamento com as empresas, atua como qualquer agente financeiro, cobrando juros de mercado e exigindo garantias em excesso. Outro aspecto é que não há nenhuma contribuição da Finep em capital de risco. Seria interessante existir pelo menos para áreas estratégicas e prioritárias. A transferência de recursos públicos para o meio produtivo é proibida por lei, mas esta poderia ser excepcionada para estimular a inovação.

O governo americano aplica cerca de US$ 75 bilhões por ano em P&D. Destes, aproximadamente US$ 43 bilhões vão diretamente para empresas através de consórcios com empresas ou institutos privados de pesquisa, que são obrigados a entrar com uma contrapartida para o desenvolvimento de projetos que resultem na geração de um produto tecnológico ou bem tangível. Parte deste montante recebe o destino de fomentar empresas nascentes de base tecnológica, pois as agências governamentais de fomento a P&D são obrigadas a reservar 2,5% de seu orçamento para as mesmas.

Os Fundos Setoriais criados pelo nosso governo, que visam a impulsionar o desenvolvimento de tecnologia por meio de projetos cooperativos entre universidades, centros de pesquisas e empresas, trouxeram recursos significativos para as universidades e centros de pesquisa sem fins lucrativos, resultando em reforço essencial para as atividades de pesquisa.

O problema é que esse reforço é aplicado majoritariamente na pesquisa básica e fundamental, sendo esta a vocação natural da universidade. A pesquisa aplicada e o desenvolvimento, que são tarefas preferencialmente executadas pelas empresas, não têm nenhum aporte governamental direto. Financiar inovação implica, além da parte relativa à pesquisa, suportar também atividades de engenharia, desenvolvimento de protótipos e a produção experimental, com os quais os órgãos de fomento nacionais não estão familiarizados.

A inovação só ocorre quando um conhecimento chega ao meio produtivo, concretizando-o. Segundo Stal[11], isso provoca até algumas distorções, como as empresas buscarem a universidade para o desenvolvimento do produto final, o que não é sua atribuição natural. Para não produzirmos somente artigos científicos e sim mais patentes, novos produtos e riqueza, este bolo não poderia ser mais bem dividido? Outro aspecto que poderia ser revisto é o fato de os Fundos Setoriais não aceitarem a alocação de homem-hora com contrapartida da empresa. Um projeto de inovação requer normalmente um dispêndio enorme em recursos humanos de alta qualificação.

Financiamento de Empreendimentos

Neste caso, o grande ator é o BNDES (Banco Nacional de Desenvolvimento Econômico e Social), que financia empreendimentos e oferece financiamento de máquinas e equipamentos. Recentemente, na Mesa-Redonda de Políticas de C&T para a Indústria Química do 1º Encontro Brasileiro sobre Tecnologia na Indústria Química, Antônio L. Bragança[12], representando a Anpei (Associação Nacional de Pesquisa, Desenvolvimento e Engenharia das Empresas Inovadoras), sugeriu, apropriadamente, que se abram linhas com juros favorecidos para investimentos industriais baseados em tecnologia nacional.

Apoio à Exportação

As empresas maiores têm melhores condições para fazer investimentos em P&D e tecnologia, pois para que o resultado dessas atividades dêem retorno, normalmente, são necessários ativos complementares, mais facilmente encontrados nas grandes corporações, além de capacidade financeira para investir a longo prazo em recursos humanos e físicos. Ademais, o risco de um projeto fracassar não ameaça tanto o seu futuro. Aos admiradores do *small is beautiful!*, que advogam que o futuro pertence às pequenas empresas por sua flexibilidade e agilidade em se reconfigurarem para atender às flutuações de demanda do mercado e captar ganhos simultâneos de economia de escala e escopo, recomendo a leitura do trabalho de Harrison[13], *The Small*

Firms Myth. Esse artigo mostra que a importância dada às empresas pequenas como geradoras de tecnologia e empregos, pelo menos ao nível dos países da OCDE, foi bastante exagerada. As grandes corporações continuam detendo o comando do mercado, formando redes em que as pequenas são suas supridoras ou subcontratadas.

Isso não quer dizer que empresas pequenas, cooperativas de empresas e arranjos produtivos locais bem estruturados não possam inovar e exportar, mas no mercado globalizado ser de grande ajuda. Um modo de crescer nosso parque empresarial é exportar, gerando maiores recursos para investir em melhorias de processos e em inovação, criando um ciclo virtuoso para a empresa, tornando-a mais forte e competitiva.

No caso brasileiro, é mais crítica a necessidade de uma boa atuação governamental. Carecemos de um alinhamento da política industrial, de tecnologia e de comércio exterior de modo a serem coerentes e estar bem explicitadas, promovendo mecanismos práticos e eficientes de apoio à exportação.

Cito um exemplo que vivenciei, quando recebi a missão de estruturar um Programa Tecnológico de Gás Natural, em 1999. Fui procurado por uma empresa americana detentora de tecnologia na área de GTL *(Gas-to-liquids)*, que se propôs a fazer um estudo de viabilidade técnico-econômica para uma possível aplicação no Brasil. Esse estudo seria custeado pelo TDA *(Trade Development Agency)* do governo americano. Essa agência tem a função precípua de estimular projetos que promovam a exportação de tecnologia e equipamentos de empresas americanas, ou seja, é dinheiro público favorecendo empresas exportadoras privadas. Nessa época, tive alguns contatos com a representante para a América Latina dessa agência.

Foi publicado em 10/9/2003, na Folha de S. Paulo, um artigo do prof. Roberto Nicolski[14], que tratava da concessão de subsídios à Bombardier pelo Ministério da Indústria Canadense, no valor de US$ 888 milhões. São recursos não reembolsáveis, uma participação do Estado canadense no risco de P&D da sua indústria, para torná-la mais competitiva frente à nossa Embraer. Esse subsídio *(non-actionable subsidy)* está em acordo com a Organização Mundial do Comércio, cobrindo dispêndios com P&D, inclusive recursos humanos, equipamentos, instrumentos, terrenos, construções, licenciamentos de tecnologias e patentes, sempre que destinados a este fim, podendo alcançar até 75% do dispêndio total. Como comentou o autor, "o Estado canadense está defendendo, com o subsídio, exportações e empregos canadenses e o seu efeito multiplicador na economia".

Coordenação do Sistema Nacional de Inovação

O presidente Lula tem reafirmado, em sucessivas oportunidades, que dedicará 2% do nosso PIB para ciência, tecnologia e inovação até 2007, o que é uma meta ousada, pois praticamente dobrará os dispêndios, que atualmente são da ordem de R$ 12 bilhões por ano, num período de quatro anos. A atitude governamental é muito louvável, e esperamos que exerça bem o papel de grande articulador do Sistema Nacional de Inovação. É importante que o governo, escutando os demais atores, selecione e priorize bem as áreas de atuação, objetivando o melhor retorno socioeconômico.

P&D e tecnologia consomem recursos consideráveis, que necessitam ser disponibilizados de modo correto e de forma contínua. Há necessidade da criação de massa crítica, capacitação e tempo de maturação para gerar pólos e redes de excelência que produzam inovações. Por conseguinte, é essencial que se façam escolhas, pois num país carente como o nosso, os recursos não são abundantes. Um cuidado deve ser tomado para evitar a pulverização dos mesmos, aplicando o artifício de "todos-ganham-um-pouquinho", o que politicamente pode ser interessante, mas é totalmente ineficaz do ponto de vista de retorno deste investimento.

Há necessidade de se aplicarem metodologias e ferramentas de gestão do conhecimento para priorizar atividades, unir competências, trocar experiências, eliminar duplicação, não reinventar a roda etc.

> Não fazer tudo, olhar o todo
> e fazer o essencial!

O atual governo coordenou o esforço de escutar todos os atores envolvidos de modo a elaborar uma Lei de Inovação, que foi recentemente encaminhada ao Congresso. Isso é muito positivo, mas é essencial que as estratégias na área de C&T se tornem planos de Nação e não de governo. É importante que esta lei estabeleça uma nova cultura e ganhe prioridade dentro da agenda política e econômica do país, por mais imperfeições que contenha, pois, como todo instrumento de política pública, deve ser regulamentada e aprimorada. De qualquer modo, foi dado um passo na direção correta e esperamos sua continuidade e progresso.

Projeto de P&D apoiado pelo Governo Americano

www.NYTimes.com: Washington, 13/8/2003

O Departamento de Energia (DoE) juntamente com o Electric Power Research Institute (Epri) e a companhia Intermagnetics General firmaram um acordo de P&D para construir um dispositivo protótipo para proteger redes de transmissão de energia contra o excesso de correntes de curto-circuito. O sistema não atua como um disjuntor; pelo contrário, ele é concebido para reduzir os níveis de curto-circuito de modo que os disjuntores convencionais possam suportar. Esta nova concepção utiliza barras de supercondutores em paralelo para controlar o excesso de correntes na subestação. O dispositivo incorpora um mecanismo que gera um campo magnético que elimina a natureza supercondutora do material, gerando calor que é absorvido através de um banho especial.

O projeto que integra o Programa de Iniciativa para Parcerias em Supercondutividade (Partnership Iniciative for Superconductivity) custará US$ 12,2 milhões, sendo que o DoE

> *vai contribuir com US$ 6 milhões, não reembolsáveis, o EPRI com US$ 600,000.00, sendo o restante aportado pela empresa. O produto final do projeto deverá estar operando em escala comercial até 2006. Alega-se que um dispositivo como este poderia ter evitado o apagão que ocorreu nos EUA, que afetou inclusive Nova York, em agosto de 2003, quando mais de 100 usinas de energia, que formam uma extensa rede, desligaram em cascata.*

Capítulo 3

A Academia

A academia tem como funções básicas a difusão do conhecimento e a expansão das fronteiras da ciência. É importante a universidade se envolver na geração do saber, pois a velocidade da obsolescência do conhecimento no mundo atual é muito grande, portanto, é preciso, constantemente, aprimorar e atualizar o seu acervo. Isto normalmente é feito através de seus programas de pós-graduação e pesquisa.

No Brasil, diferentemente dos países líderes em tecnologia, a maioria das atividades de P&D não é realizada pelas empresas, mas nas universidades, como pode ser visto no Gráfico 2.

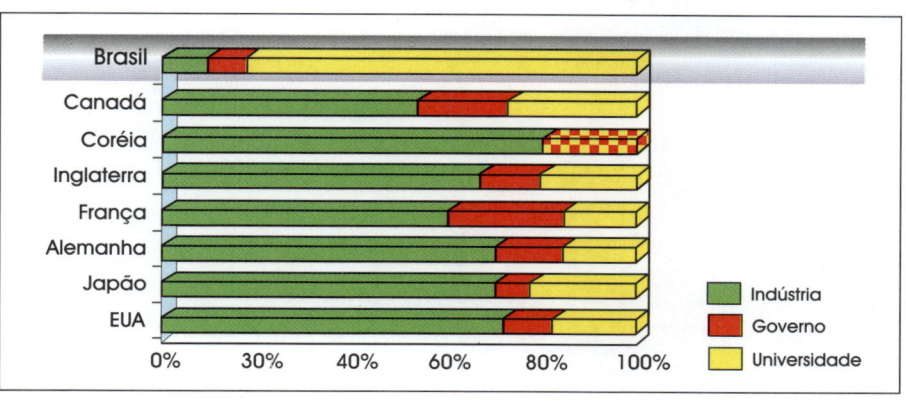

Gráfico 2: Onde são Desenvolvidas Atividades de P&D

Revista Parceria Estratégica – maio 2000

Outro problema é que a integração universidade-empresa é pequena, fazendo com que a pesquisa não esteja atrelada ao mercado, não havendo um foco empresarial, o que dificulta a inclusão de ciência e tecnologia no meio produtivo.

A propósito, enumerando algumas características socioeconômicas comuns aos países desenvolvidos, temos:

- alto investimento em educação;
- regime democrático;
- regime econômico capitalista;
- a mulher em posição igualitária no mercado;
- alto investimento em P&D;
- interação universidade-empresa mais efetiva.

O argumento da "Hélice Tripla", desenvolvido pelos países líderes, entende que a universidade deve ser considerada como um agente privilegiado para a promoção da competitividade das empresas e da nação[15]. Isso não quer dizer que não haja problemas nesta relação lá fora, mas países, como os EUA, estabeleceram políticas como "Bayh-Dole Act" e o "Stevenson-Wydler Act", que efetivamente aproximaram universidades e empresas em prol do avanço tecnológico. Por exemplo, o "Bayh-Dole Act" permitiu a pequenas empresas e organizações sem fins lucrativos, incluindo as universidades, o direito de reter as patentes derivadas de fundos/financiamentos governamentais e negociá-las no mercado privado. Hoje, são muitas as pesquisas realizadas nas universidades americanas com transferência para a indústria, que chegam com sucesso ao mercado. Este é o caso das descobertas de vacinas, fármacos, transgênicos, sistemas de telecomunicação e de tecnologia da informação, entre outros[16].

No caso brasileiro, vivemos outra realidade. Em enquete feita com 531 empresas pela CNI (Confederação Nacional da Indústria)/Finep (Financiadora de Estudos e Projetos)[17], foram levantados dados sobre os seus parceiros tecnológicos preferenciais. As universidades e institutos de pesquisas ficaram na pior posição, juntamente com as consultorias, conforme o Gráfico 3.

Gráfico 3: Tipos de Parceria com Terceiros

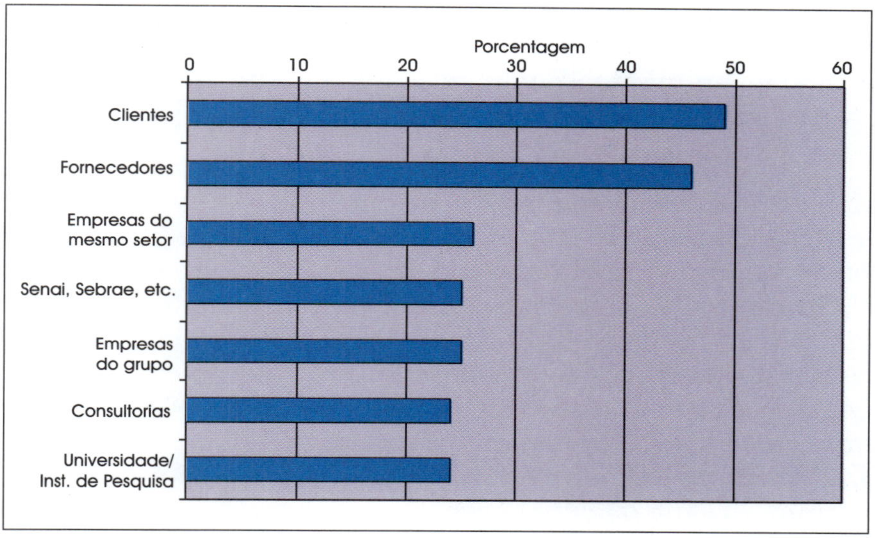

[Gráfico de barras horizontais mostrando porcentagens:
- Clientes: ~50%
- Fornecedores: ~47%
- Empresas do mesmo setor: ~27%
- Senai, Sebrae, etc.: ~25%
- Empresas do grupo: ~25%
- Consultorias: ~23%
- Universidade/Inst. de Pesquisa: ~23%]

Fonte: CNI/Finep

Marcas do Passado

A nossa falta de alinhamento universidade-empresa tem origem em políticas equivocadas do passado. A preocupação do governo com o desenvolvimento científico tecnológico realmente só se fez presente com a criação da Finep, em 1967, e com o surgimento do Fundo Nacional do Desenvolvimento Científico e Tecnológico – FNDCT, dois anos mais tarde. Entretanto, na década de 70 até meados de 80, vigorou a política econômica e industrial de substituição de importações, que privilegiava a livre entrada de capital estrangeiro e estimulava a adoção de tecnologias externas para o aumento de competitividade do nosso parque industrial. Esse modelo facilitava o licenciamento de tecnologias importadas, desencorajando a produção de tecnologia brasileira.

Por outro lado, a academia voltou-se para a pesquisa fundamental, produzindo artigos científicos na busca de um reconhecimento internacional, esquecendo de apoiar a empresa nacional na criação de soluções inovadoras para a plena exploração de nosso potencial econômico e de nossa vocação empresarial. Infelizmente, perdurou por muito tempo um sentimento um tanto arcaico no ambiente universitário de que estavam se vendendo quando desenvolviam tecnologia para uma empresa.

Devido a este legado do passado, o meio acadêmico criou uma certa aversão a tudo que está relacionado ao mercado e à geração de lucro. Como uma elite social, a academia optou por se ocupar com assuntos mais nobres, como a ciência, a arte e a filosofia. Esta postura também é reforçada por nossa herança ibero-católica, pois a cultura do "bem-aventurados os pobres e humildes" está longe de possuir o espírito empreendedor protestante-calvinista que pregava a predestinação. Ter riquezas não é um pecado, ao contrário, pode indicar justamente o caráter de "eleito". A propósito, Max Weber, no seu livro "A Ética Protestante e o Espírito do Capitalismo", discute o maior desenvolvimento capitalista dos países de confissão protestante, a maior proporção de protestantes entre os proprietários de capital, empresários e integrantes das camadas superiores de mão-de-obra qualificada.

Tirando o foco da origem atávica e buscando uma solução, o nosso dilema é que vivemos num país com grandes carências, e se a nossa elite intelectual, que é mais capaz, não se envolver com a criação de riqueza, o nosso futuro como uma nação soberana está em risco.

Um Futuro Melhor

Um exemplo interessante na busca de maior integração com o meio empresarial é o da Universidade de Campinas – Unicamp, que criou a Agência de Inovação, cujo objetivo é estabelecer uma rede de relacionamentos com a sociedade para incrementar as atividades de pesquisa, ensino e avanço do conhecimento. Na realidade, essa agência atua como um articulador de parcerias, induzindo, agilizando e facilitando o andamento dos projetos de P&D entre a universidade e as empresas.

Um dos aspectos que causam dificuldades neste relacionamento é o diferente posicionamento em relação ao tempo. A universidade tem como função principal a formação de pessoal. Ao realizar um projeto preparando e treinando estudantes, a escala de tempo para sua conclusão é significativamente alterada. Por outro lado, rapidez, objetividade e eficiência são essenciais para a atividade empresarial, pois, diferentemente da universidade, mais importante que o mérito científico, o coordenador de um projeto tecnológico necessita ter capacidade gerencial. Stal[11] aponta esta carência como um dos entraves ao bom andamento e atrasos em consórcios de pesquisa.

Uma outra iniciativa para aproximar as partes e que já foi muito discutida, mas, até agora, não efetivamente colocada em prática, é o programa "Doutor na Empresa" ou "Fixação de Doutores". A idéia é o governo incentivar e suportar, pelo menos parcialmente, por um tempo determinado, a estadia de doutores em ciência em atividades de P&D nas empresas. Para isso, é importante que a empresa disponha de laboratórios ou instalações de pesquisas, a fim de que esse doutor possa efetivamente desenvolver suas atividades; caso contrário, será uma ação ineficaz e ele tenderá a ser absorvido em atividades regulares de produção.

O "imediatismo" de nosso meio empresarial e o "diletantismo" universitário criam obstáculos para uma boa interação. Essas ações que visam a aproximar e facilitar a comunicação entre as partes são muito bem-vindas, já que necessitamos reverter o quadro atual, tornando a relação universidade-empresa nutritiva para ambas.

O que as universidades ganham em se relacionar com as empresas? A princípio, podemos citar as seguintes vantagens:
- recursos adicionais para pesquisa e criação de infra-estrutura;

- mais proximidade aos problemas do mercado;
- interação com outras instituições de ensino e pesquisa;
- mais agilidade na gestão dos projetos;
- melhoria da qualidade da pesquisa científica;
- mais oportunidades para prestar consultoria e assessoria técnica;
- atração de melhores alunos e melhor capacitação destes, por trabalhar com problemas mais concretos;
- contribuição ao desenvolvimento tecnológico do país, demonstrando sua utilidade social.

Por outro lado, as empresas ganham:
- acesso a recursos humanos qualificados;
- expansão do conhecimento e acesso a informações atualizadas sobre sua área de atuação;
- acesso a equipamentos, métodos e instalações de pesquisa;
- melhoria da qualidade da pesquisa industrial;
- redução de risco e divisão/otimização de custos de pesquisas (consórcios de pesquisa pré-competitiva);
- possibilidade de atrair bons profissionais (alunos de pós-graduação);
- aumento da competitividade via inovações tecnológicas;
- melhoria de imagem e prestígio.

Há benefícios tangíveis para ambos os atores, embora haja empecilhos. Entre estes, podemos citar:
- falta de uma linguagem comum;
- excesso de burocracia das universidades;

- a visão de que o Estado deva ser o financiador exclusivo das atividades de pesquisa, garantindo a autonomia universitária;
- a instabilidade das universidades públicas;
- a extensão do tempo do processo;
- imediatismo do empresariado nacional;
- falta de compreensão do papel da universidade/ciência básica e pesquisa pré-competitiva;
- falta de P&D complementar na empresa;
- falta de políticas de longo prazo e investimentos regulares. As empresas têm a tendência de só investir quando estão bem.

Mais uma vez, é importante lembrar o que já falamos anteriormente: o processo de inovação excede em muito as atividades de P&D, devendo permear toda a cadeia produtiva da empresa, abrangendo inclusive atores externos como fornecedores e clientes. Dados do prof. Roberts[18], do Massachusetts Institute of Technology, mostram que 78% das inovações nos EUA advêm de demandas do mercado ou da produção, sendo que só 22% ocorrem devido a oportunidades tecnológicas. É na busca de soluções para os problemas empresariais que a maioria das inovações é gerada. A situação do tipo "disponho de uma solução e estou em busca de um problema" tem probabilidade muito menor de resultar em uma inovação. Há casos em que a inovação cria um novo mercado, atendendo a um desejo não explicitado, a uma "demanda oculta", mas sua freqüência é bem menor.

A empresa tem mais chance de inovar, ou melhor, coordenando os seus parceiros tecnológicos, pode imprimir uma objetividade maior à P&D, resultando em inovações. O desenvolvimento bem-sucedido de produtos ou processos exige um conhecimento íntimo de detalhes de mercado e técnicas de produção, bem como a habilidade de mitigar riscos técnicos e comerciais, de que só as empresas dispõem.

É claro que a aproximação universidade-empresa contribui muito na geração de inovações, mas é errado querer transferir para a universidade a atribuição de principal geradora de inovações, pois não é a sua vocação. A missão fundamental da empresa na sociedade é a produção e a geração direta de riqueza. Portanto, cabe a ela tomar a frente deste processo.

Existe o mito de que a tecnologia da Universidade de Stanford foi que criou o sucesso do Silicon Valley, nos EUA. No entanto, um levantamento cobrindo 3.000 pequenas empresas encontrou apenas 20 companhias que usaram tecnologia vinda, direta ou indiretamente, de Stanford. A real contribuição de Stanford para o Sillicon Valley foi com estudantes talentosos e muito bem preparados[19].

Recentemente, com a criação dos fundos setoriais e também devido a cortes governamentais de dispêndios com as universidades, a aproximação universidade-empresa está se tornando obrigatória. A futura Lei de Inovação também cria instrumentos para estreitar esta parceria. Acho que as empresas, atualmente, estão mais conscientes da necessidade de inovar para se manter no mercado. Há grupos universitários bem engajados em projetos de P&D para algumas empresas, e esta prática, que é essencial para o desenvolvimento de nosso país, deve cada vez mais ganhar corpo.

A Agência de Inovação da Unicamp[20]

A Agência de Inovação tem a missão de fortalecer as interações e parcerias da Unicamp com empresas, órgãos de governo, institutos e fundações, identificando, desenvolvendo, construindo e apoiando iniciativas que conectem as atividades de pesquisa e ensino da Universidade com interessados externos. Pretende também contribuir com os objetivos nacionais de criação de desenvolvimento sustentável e socialmente responsável, na perspectiva de fortalecimento do sistema nacional de inovação.

A Agência foi instalada em setembro de 2003, dando seqüência às atividades já desenvolvidas pela Unicamp nas áreas de incubação, propriedade intelectual e apoio ao relacionamento com órgãos de governo e empresas, revisando, ampliando e reforçando essas ações e explicitando as políticas da Universidade para esses temas, que estão estruturados nos seguintes programas:

- Programa de Pesquisa e Desenvolvimento Cooperativos.
- Programa de Parcerias Estratégicas.
- Programa de Treinamento e Educação Continuada.
- Programa de Desenvolvimento e Implantação do Parque Tecnológico da Unicamp.
- Programa de Estímulo à Criação de Empresas de Base Tecnológica.
- Programa de Propriedade Intelectual – Registro e Licenciamento.

A Unicamp é a Universidade brasileira com o maior volume de patentes depositadas, contando atualmente com cerca de 300 patentes distribuídas em várias áreas tecnológicas, com aplicações para: medicina, saúde e nutrição, produção industrial, telecomunicações e tecnologia da informação, produção rural e agribusiness. Deposita anualmente 50 patentes, sendo que já realizou sete licenciamentos e se empenha em valorizar o seu ativo intelectual de modo a explorar oportunidades de negócios.

Recentemente iniciou o projeto de "Diligência da Inovação", que consiste em estudar a aplicabilidade de sua carteira de patentes no meio produtivo.

Transformar conhecimento científico em negócios bem-sucedidos tornou-se uma realidade entre ex-alunos e ex-pesquisadores da Unicamp. Só nas últimas duas décadas, pelo *menos 85 empresas nasceram a partir das salas de aula da universidade, considerada um dos pólos de excelência em pesquisa acadêmica no país. Juntas, as "filhas" da Unicamp já respondem por faturamento da ordem de R$ 700 milhões por ano, o que representa 7% do Produto Interno Bruto (PIB) gerado no município, segundo dados da Associação Comercial e Industrial.*

A Incamp é uma Incubadora de Empresas de Base Tecnológica da Unicamp, criada em 2001, que tem como missão capacitar gerencial e tecnologicamente as micro e pequenas empresas, estimulando a interação universidade-empresa e buscando promover a geração de emprego e renda da região.

Capítulo 4

A Empresa

Há 963 mil cientistas e engenheiros na atividade de P&D nos EUA, sendo que 80% destes trabalham nas empresas. No caso brasileiro, o número total de pesquisadores é de aproximadamente 80 mil, estando somente 11% em empresas[19], correspondendo a menos de 9 mil. Segundo a projeção de especialistas, apenas 750 destes têm doutoramento, o que equivale à média anual de doutores contratados por empresas na Inglaterra. Entretanto, não pára de crescer o número de doutores formados no nosso país. Em 2003, o Brasil formou 8.094 novos doutores, número 18,3% maior do que o alcançado em 2002[21].

Nos EUA, o dispêndio total com P&D chega a mais de US$ 270 bilhões por ano, sendo que aproximadamente US$ 195 bilhões são gastos pelas empresas, o que corresponde a 71%. Além disso, mais da metade do dispêndio governamental, que é cerca de US$ 75 bilhões por ano, é aplicada diretamente nas empresas.

No Brasil, até então, não existiam recursos governamentais alocados diretamente nas empresas. A nova Lei da Inovação oficializa a possibilidade de encomenda de projetos estratégicos e de interesse para o país diretamente das empresas capacitadas do setor produtivo.

Os dados relativos à aplicação em P&D pelas empresas brasileiras são um tanto imprecisos, mas os números mais otimistas se referem a aproximadamente US$ 3 bilhões ao ano. Este número tem crescido substancialmente nos últimos anos, mas mesmo assim é modesto para uma sociedade que está se modernizando e se tornando "tecnolo"-dependente. Isso significa que, se não revertermos a situação atual, cada vez mais estaremos comprando tecnologia do exterior, pagando *royalties* e licenciamentos e importando novos produtos de alto valor agregado. A propósito, o país pagou, em 2001, mais de US$ 3 bilhões por licenciamentos das patentes e tecnologias, serviços técnicos e aquisição de *software* de que nossas empresas precisam para poder competir.

Há ainda uma agravante: a importação de tecnologia costuma trazer conjuntamente a importação de hábitos de consumo e culturais. Nenhum estudo sociológico é necessário para comprová-lo, sendo preciso apenas constatarmos o comportamento da nova geração, pois eu, quando jovem, não freqüentava festa de *"Halloween"*. A elevada conectividade do mundo moderno reforça também este aspecto, criando e divulgando padrões de comportamento de sucesso, que tendem a ser copiados pelos países periféricos.

A sociedade brasileira já começa a colocar como um dos temas de debate a "inovação e o desenvolvimento de tecnologia", mas esses não se tornaram ainda assuntos prioritários para os nossos empresários. Numa pesquisa realizada pela CNI em 2001 com os empresários brasileiros, foram levantados os quinze principais temas que os preocupavam, e "tecnologia" ficou na décima quarta posição. É claro que a reforma tributária, juros e alguns outros assuntos eram mais urgentes e demandantes naquele momento, mas de qualquer modo esta baixa prioridade parece também evidenciar uma certa falta de envolvimento com o assunto.

Um aspecto que dificulta a decisão de os empresários e gerentes se envolverem em projetos de inovação é o seu elevado grau de imprevisibilidade. Gerir um projeto inovador e de alto risco requer uma certa dose de flexibilidade e maestria, além de visão de longo prazo e disponibilidade de recursos.

Há todo um ferramental acessível para uma boa gestão de projetos de engenharia e empreendimentos, que, uma vez bem aplicados, garantem desvios mínimos dos principais índices de um projeto, como sua qualidade intrínseca, custos e prazos.

No caso de um projeto de inovação, que evolui de uma idéia original até a introdução de um novo produto ou serviço no mercado, há uma trajetória bem mais incerta. Necessita de um trabalho de equipe mais refinado, em que as interfaces são um tanto indefinidas e fluidas, cada etapa do mesmo não estando marcada por um evento concreto e acabado com os seus parâmetros de qualidade bem especificados. Por conseguinte, o time do projeto tem que interagir muito, e em diversos momentos algumas redundâncias e duplicações são requeridas.

Isso não significa que esse tipo de projeto não deva ser acompanhado e controlado e que não existam etapas planejáveis e previsíveis. Há ferramentas de gestão da inovação que têm sido praticadas e aprimoradas com sucesso em diversas etapas de um projeto de inovação, e mesmo alguns processos bem delineados, que serão abordados posteriormente.

A inovação pode e deve ser organizada como um processo sistemático. Entretanto, temos de gerenciar inovação, convivendo com uma margem de erro maior e, principalmente, com a aceitação ao risco. Um sistema de gestão e uma cultura facilitadora à inovação toleram erros, embora enfatizem a responsabilidade empresarial por resultados.

Um lema da Ideo, empresa americana de sucesso na área de *design* é "fracasse com freqüência para ter sucesso mais cedo". Robert Sutton[22], professor de Ciência e Engenharia da Administração na Universidade de Stanford, na Califórnia, e autor do livro "Idéias Estranhas que Funcionam", afirma que em lugar de recompensar o sucesso e punir o fracasso, uma organização que se pretenda criativa deve recompensar a ambos, pois o acerto só ocorre após se ter cometido muitos erros. Punição só para a inação, que é o pior tipo de erro.

Estratégias de Desenvolvimento Tecnológico

A pesquisa da CNI/Finep[17] revela que a inovação tecnológica é considerada necessária por 96% dos executivos industriais brasileiros. No caso das grandes empresas, verifica-se que 80% delas não só reconhecem sua importância, como também assumem que possuem capacidade para desenvolvê-la. A despeito da insuficiência dos instrumentos governamentais de apoio disponíveis, constata-se que as grandes empresas estão ativas na busca de inovações.

Todavia, para a indústria como um todo, metade das empresas consultadas declarou não ter capacidade técnica, financeira e de recursos humanos para investir em inovação. Esta situação ainda é mais preocupante entre as pequenas empresas onde este percentual atinge 60%.

A aquisição de máquinas e equipamentos mais atualizados é a principal estratégia para o desenvolvimento tecnológico adotado por nossas empresas, como mostrado no Gráfico 4.

Gráfico 4: Atividades Relacionadas às Estratégias de Desenvolvimento

Aquisição de máquinas e equip.	73
Capacitação de RH	71
Inovação de produtos	68
Inovação de processos	68
Mudanças organizacionais	66
Marketing	64
Parcerias	62
Gestão de propriedade intelectual	49
Absorção de pesquisadores	42

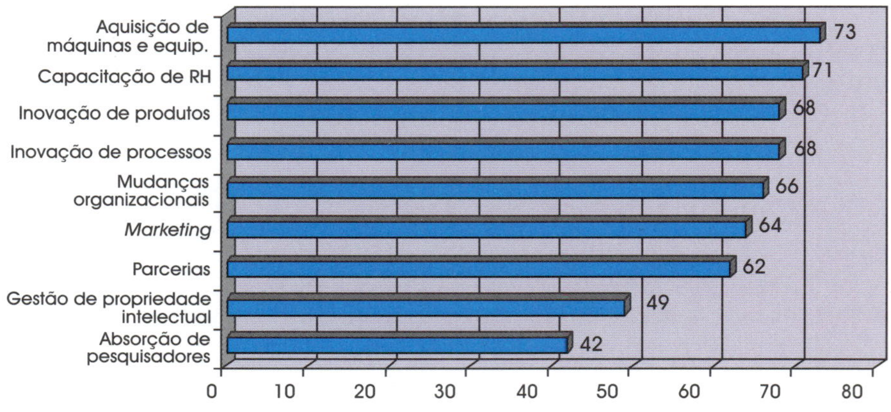

O indicador varia de 0 a 100. Valores acima de 50 pontos indicam ações importantes.

Fonte: CNI/Finep

A segunda principal estratégia é a capacitação de recursos humanos, demonstrando a preocupação das empresas em preparar seus quadros para operar bem as novas tecnologias incorporadas, ou mesmo para desenvolvê-las. No entanto, a pesquisa mostra a baixa importância atribuída à absorção de pesquisadores pelas empresas, o que parece denotar menor preocupação com a montagem de estruturas formais de P&D. Outro aspecto um tanto preocupante é a baixa pontuação do item gestão da propriedade intelectual, pois nossas empresas patenteiam pouco, não resguardando seu direito sobre a área de conhecimento onde atuam.

A indústria nacional vive sobre as incertezas de nossa economia; conseqüentemente, sofre os altos e baixos do mercado e tende a refleti-los nas suas aplicações em P&D. Esta é a pior das políticas empresariais a serem adotadas, pois P&D necessita de investimentos de longo prazo, de massa crítica mínima, de tempo para capacitação e especialização do pessoal e formação de equipes, para então se obter um bom retorno do investimento realizado. Empresas inovadoras que têm consistentemente expandido seus mercados e seu elenco de produtos, como por exemplo a Weg e a Natura, investem continuamente somas expressivas na atividade de desenvolvimento de tecnologia.

O Sucesso Advindo da Estratégia

A WEG é uma empresa que tem como visão estratégica tornar-se, até 2007, o maior fabricante mundial de motores elétricos industriais de baixa tensão e um centro de excelência em máquinas elétricas girantes. Foi criada em 1961, fabricando motores elétricos, e até então só fez crescer! Diversificou-se produzindo transformadores, acionadores, geradores e dispositivos elétricos, além de atuar em automação industrial e na manufatura de alguns produtos químicos[23].

Seu faturamento cresceu ano após ano, atingindo R$ 2 bilhões em 2003, via o lançamento contínuo de novos produtos. O percentual do faturamento gerado por produtos com menos de cinco anos de existência atinge o alto valor de 70%. Está presente na Argentina, México e Portugal, além de exportar para 16 países. Atualmente planeja a sua expansão em mercados emergentes como a China e a Índia.

Como conseguir tudo isso? Uma gestão que define estratégias e alinha ações pertinentes para a sua consecução, tais como:

- Investimento na capacitação tecnológica de seus recursos humanos – uma organização cria valor, valorizando o seu capital intelectual.
- Investimentos crescentes em P&D – aproximadamente 1,8% sobre a receita líquida.
- Desenvolvimento de parcerias tecnológicas como universidades, centros de pesquisas e clientes.

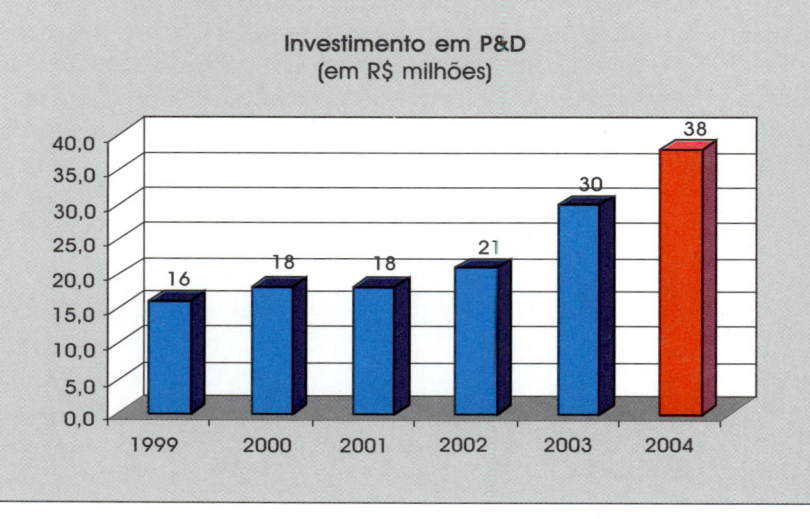

Investimento em P&D
(em R$ milhões)

Ano	Valor
1999	16
2000	18
2001	18
2002	21
2003	30
2004	38

Inovação, uma Opção Estratégica

Há várias motivações para uma empresa buscar a inovação, podendo adotar diferentes posturas, tais como:

- *Postura ofensiva* – Para obter a liderança do mercado, surpreendendo a concorrência com novas tecnologias: requer metodologias de criatividade e gerenciamento de idéias.

- *Postura limitadora* – Para não se atrasar em relação aos líderes do mercado: requer monitoramento tecnológico permanente.

- *Postura defensiva* – Para resolver um problema: normalmente implica em cooperação tecnológica.

É importante que a empresa faça sua opção estratégica e se organize de modo a viabilizar a estratégia escolhida, pois isso é determinante e tem implicações em toda a organização. Por exemplo, uma postura defensiva vai requerer uma equipe cuja característica predominante seja de "resolvedores de problemas", ou seja, pessoas objetivas. Para uma postura ofensiva, seria melhor que seu time contivesse majoritariamente os "achadores de soluções", pessoas curiosas e empreendedoras.

A inovação deve ser incorporada à estratégia da empresa, e não ser considerada como uma atividade secundária que ganha alguma atenção quando os negócios vão bem. É importante que haja um esforço de "inovação contínua" e que este esteja bem focado, com projetos que venham apoiar os negócios da empresa. Esta, para melhorar seu processo produtivo e lançar novos produtos, deve estar como um todo engajada num processo de inovação, desenvolvendo principalmente a sua área de P&D e Marketing. Para tal, necessita sensibilizar e preparar suas equipes.

É através da inovação contínua que as empresas criam um diferencial competitivo sustentável. Não basta ser a empresa de um só produto de sucesso, é preciso estar constantemente aprimorando seus serviços, produtos e negócios. Inovar é ter uma idéia que os concorrentes ainda não tiveram e implantá-la com sucesso. O ideal é que essa idéia leve a um resultado tão diferenciado e requisitado pelo mercado que a empresa venha a presenciar um instante de monopólio. Normalmente, isso só é obtido quando advém de uma inovação radical, muitas vezes propiciando a abertura de um novo mercado.

Capítulo 4: A Empresa

Por outro lado, o mercado globalizado tende a rapidamente criar produtos concorrentes e imitações que reduzam essa vantagem obtida. Portanto, qualquer empresa, para liderar ou ter uma participação expressiva em um segmento de mercado, necessita estar sempre inovando.

Vale comentar o despreparo de nossas empresas para atuar como líderes em seus segmentos. Por exemplo, o Pólo Petroquímico do Nordeste, localizado em Camaçari, Bahia, é o maior complexo industrial integrado do hemisfério sul, composto por mais de 50 empresas. Possui uma capacidade instalada que produz acima de 8 milhões de toneladas/ano de produtos químicos, petroquímicos básicos, intermediários e finais, gerando um faturamento de US$ 5 bilhões por ano. Por conseguinte, poderíamos esperar que um centro industrial desta magnitude também fosse um berço de inovações. A realidade não é bem assim, já que um levantamento elaborado por Santana e colaboradores[24] concluiu que os investimentos feitos em P&D e na qualificação profissional, por várias empresas do pólo, apresentam-se tímidos, destinando-se principalmente para inovações incrementais.

A Deloitte Touche Tohmatsu elaborou uma pesquisa intitulada "As empresas que mais cresceram no Brasil – 2003", que foi publicada no *Valor Econômico* junto a empresas que operam no Brasil e registraram, em 2002, faturamento entre R$ 20 milhões e R$ 200 milhões, ou seja, companhias pequenas e médias líderes em crescimento. Convidaram para participar do estudo empresas privadas e não-financeiras, e a amostra final era constituída por companhias dos setores de manufatura (53%), serviços (26%), tecnologia (12%) e comércio (9%)[25].

Cerca de 90% dessas empresas estão buscando novos mercados e, entre as que mais cresceram, 72% aplicam em "tecnologia e know-how" como estratégia de crescimento, sendo que somente 33% responderam que realizam "investimento em P&D" (ver Gráfico 5). Isso demonstra que tecnologia é extremamente importante para a sua rota de expansão e que, ao mesmo tempo, as empresas líderes no nosso mercado são bastante dependentes de tecnologia externa, sendo uma parcela reduzida as que buscam realizar desenvolvimentos próprios.

> A inovação deve ser incorporada à estratégia da empresa, objetivando criar um diferencial competitivo sustentável através da inovação contínua.

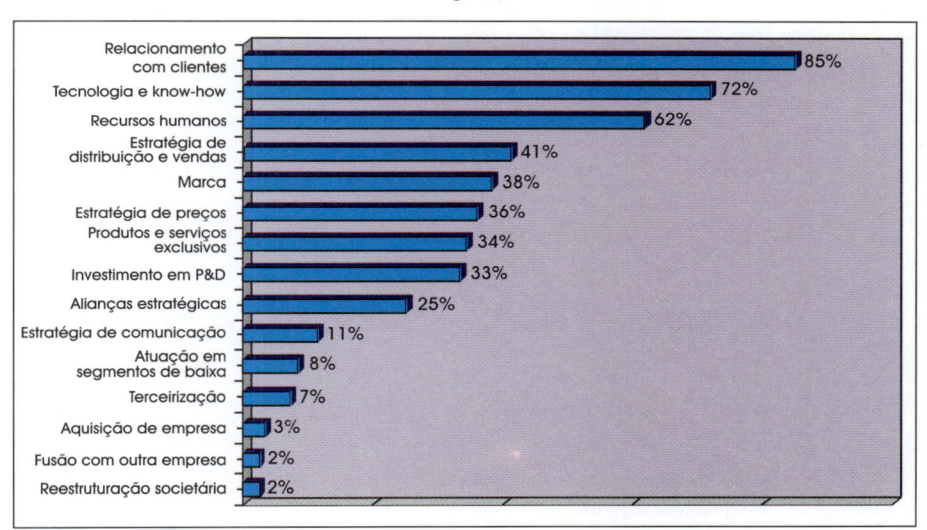

Gráfico 5: Estratégia de Crescimento

Estratégia	%
Relacionamento com clientes	85%
Tecnologia e know-how	72%
Recursos humanos	62%
Estratégia de distribuição e vendas	41%
Marca	38%
Estratégia de preços	36%
Produtos e serviços exclusivos	34%
Investimento em P&D	33%
Alianças estratégicas	25%
Estratégia de comunicação	11%
Atuação em segmentos de baixa	8%
Terceirização	7%
Aquisição de empresa	3%
Fusão com outra empresa	2%
Reestruturação societária	2%

Fonte: Deloite Touche Tohmatsu – Respostas Múltiplas

    Um outro aspecto merece nossa atenção ao analisarmos esta conjuntura. A tecnologia que é disponibilizada ao mercado para licenciamento normalmente não está na sua última versão. As empresas líderes mundiais costumam reservar para si a tecnologia mais atualizada, utilizando-a como uma vantagem competitiva ou, em alguns casos, comercializam-na por preços extremamente elevados. Conseqüentemente, as empresas que não desenvolvem tecnologia, mesmo aquelas que se antecipam na aplicação de novas tecnologias, ditas seguidoras avançadas *(early adopter)*, dificilmente usufruem do mencionado instante de monopólio.

    Para quem privilegia o enfoque essencialmente financeiro, é bom lembrar que Wall Street atribui cada vez mais valor à inovação, colocando-a como o fator determinante para o crescimento de receita das empresas, garantindo vantagem sobre os concorrentes e agradando aos acionistas. Cerca de 95% dos analistas de mercado que responderam a uma pesquisa da Arthur D. Little disseram que as empresas mais inovadoras conseguem um valor maior pelas suas ações em relação à média de seu setor.

Por exemplo, para cada US$ 100 investidos em janeiro de 1992, a Pfizer retornou mais de US$ 700 em janeiro de 1999, enquanto a média do setor para o mesmo período foi de US$ 370 *(Fonte:* Tradeline – Dow Jones Interactive)[4].

Características das organizações inovadoras

Competências Estratégicas:

➢ *visão de longo prazo;*

➢ *capacidade de identificar ou antecipar as tendências do mercado;*

➢ *gestão do conhecimento (capacidade de reunir, tratar e integrar a informação tecnológica, mercadológica e econômica).*

Competências Organizacionais:

➢ *gosto e domínio do risco;*

➢ *desenvolvimento contínuo dos recursos humanos;*

➢ *cooperação interna;*

➢ *articulação externa (clientes, fornecedores, aliados);*

➢ *flexibilidade e adaptação às mudanças.*

A P&D e a utilização de novas tecnologias são elementos-chave da inovação, mas não os únicos. Para potencializá-los, a empresa deve desenvolver esforços organizacionais e adaptar seus métodos de produção, distribuição e gestão.

Capítulo 5

As Entidades Não-governamentais

Este é outro ator importante do Sistema Nacional de Inovação, que deve ter uma postura proativa na busca de um ambiente de ciência e tecnologia propício à inovação. A sociedade civil brasileira, como a maioria das sociedades em desenvolvimento, tem dificuldade de se aglutinar e se organizar com vistas a suprir suas necessidades e anseios. É reduzido o número de entidades civis e associações que visam a trabalhar em prol de uma determinada causa ou buscam sensibilizar e reivindicar apoio de outros setores da sociedade para seus interesses. Um problema adicional é que não raras vezes a representatividade dessas entidades é discutível, pois ocorre a pulverização do esforço.

No Brasil, a cidadania pela inovação também não é exercida plenamente, embora tenhamos algumas entidades com atuação expressiva, as quais se empenham com vigor na busca do florescimento da inovação em nosso ambiente de negócio. Entre estas, destacam-se a Anpei, que atua há mais de 20 anos, e a Protec, criada há pouco tempo.

Anpei

A Anpei (Associação Nacional de Pesquisa, Desenvolvimento e Engenharia das Empresas Inovadoras), fundada em 1984, reúne atualmente 82 organizações participantes. Foi atuante na aprovação das leis de incentivos fiscais para P&D nas empresas e participou do aperfeiçoamento do Projeto de Lei da Inovação, por meio de propostas de alterações no texto original, formuladas em debates, reuniões e mesas-redondas ao longo de 2003 e 2004.

A propósito, a nova Lei da Inovação, recentemente homologada pelo presidente da República, revela sensibilização da área governamental para a questão da inovação. Isso é muito positivo, pois mais do que nunca, é importante implementar mecanismos efetivos, com volume de recursos adequados e contínuos, de apoio direto para as empresas brasileiras de modo que estas passem a inovar mais – seja por encomendas tecnológicas, compras governamentais, seja por incentivos fiscais nos moldes da Lei 8.661.

A Anpei desenvolve ainda vários projetos de interesse das empresas, como: a Base de Dados de Indicadores Empresariais em P&D, a Mobilização Tecnológica para Micro e Pequenas Empresas; e criou recentemente o Programa de Alavancagem Tecnológica, também focado para as pequenas empresas. Além disso, promove o intercâmbio entre diversas entidades através de workshops, seminários, cursos e visitas técnicas. Um evento que se consolidou como um importante fórum de debates sobre a inovação é a Conferência Anpei, que ocorre anualmente.

Protec

A Protec (Sociedade Brasileira Pró-Inovação Tecnológica) foi criada em 2002, com a atribuição de atuar em apoio às iniciativas do poder público e em parceria com instituições de pesquisa, incentivando o setor produtivo a desempenhar, de modo cada vez mais dinâmico, o papel que lhe cabe na geração de inovações tecnológicas para a competitividade e a exportação.

Promoveu o I Encontro Nacional da Inovação Tecnológica para Exportação e Competitividade, em 2002, que formulou proposta levada à Secretaria da Receita Federal, criando incentivos fiscais para P&D e a premiação às patentes internacionais para empresas com lucro real, abatendo o dispêndio do projeto que gerou a patente. Realizou também o II Encontro, em 2003, e pretende perpetuar esse fórum com vistas a consolidar e aprofundar realizações que viabilizem nossa inserção tecnológica no cenário mundial.

Lançou a idéia de institutos de gestão de P&D, sem ativo imobilizado, associando empresas de um determinado segmento, como uma saída para a captação de recursos parciais de fundos setoriais e outros, para realizar projetos de P&D das empresas associadas, com suas contrapartidas. Esses institutos já são uma realidade, como o IPD-Farma, no setor farmacêutico, e o IPD-Maq, no setor de máquinas e equipamentos. Tais institutos reúnem competência em recursos humanos para realizar a gestão de programas de P&D através da articulação de facilidades existentes e disponíveis.

O Fórum de Inovação

Existe também uma iniciativa interessante que visa a aproximar o meio empresarial do meio acadêmico, o Fórum de Inovação, que une a Escola de Administração de Empresas de SP da Fundação Getúlio Vargas (FGV-Eaesp) a um grupo de empresas. Ele foi criado com a missão de estimular a pesquisa e a disseminação de conhecimentos sobre organizações inovadoras, com ênfase na sua aplicação à realidade brasileira. É uma associação interessada em desenvolver conjuntamente a compreensão e a prática da capacidade de inovar[26].

Atualmente, esse consórcio é formado pelo Banco do Brasil, Brasilata, Copesul, Embrapa, Monsanto e Sebrae.

Todas as organizações participantes são co-gestoras do fórum, e sua atuação é definida em comum acordo, sempre à luz de três princípios fundamentais: permanência (investigar continuamente como tornar as organizações inovadoras); relevância (os objetos de estudos têm de ser de interesse das empresas e da escola); e contribuição para a sociedade.

O seu plano de trabalho prevê uma série de etapas, tais como: estudos de casos, começando pelas próprias empresas parceiras, análise comparativa, identificação de aspectos comuns, criação de metodologia de diagnóstico, metodologia de disseminação da atitude inovadora e transformação do processo de inovação de cada organização.

São muito salutares esses tipos de associação que ocorrem em torno do objetivo de promover e estimular a inovação, em suas diferentes abordagens, quer seja na busca de influenciar políticas públicas, quer seja numa tentativa de investigar aspectos empresariais que facilitam a inovação, através de uma abordagem acadêmica. O Sistema Nacional de Inovação necessita de pilares fortes que suportem o seu pleno funcionamento, e as entidades não-governamentais têm um papel a desempenhar.

Capítulo 6

O Processo de Inovação

Este processo, como já foi citado, é normalmente caótico, evoluindo através de diversas etapas, desde a geração da idéia até a penetração no mercado do novo produto, serviço ou processo. Em geral, aplica-se o funil da inovação onde as novas idéias são sistematicamente avaliadas em diferentes níveis ao evoluir em seus distintos estágios:

- idéia bruta (concepção);
- idéia refinada (maturação e explicitação);
- experimentação (avaliação técnica preliminar);
- projeto de desenvolvimento;
- teste comercial ou de demonstração e avaliação técnico-econômica (exeqüibilidade);
- implementação comercial (concretização);
- lançamento no mercado.

Até a tomada de decisão para a implementação comercial, uma idéia está competindo com outras idéias e projetos. Stevens e Burley[27] fizeram um estudo das curvas de sucesso para a inovação industrial, considerando a literatura de projetos, patentes e empreendimentos de capital de risco (*venture capitalists*).

Para as três fontes, resultados muito similares foram encontrados. Basicamente, de cada três mil idéias brutas geradas, uma torna-se sucesso comercial, como mostrado na Tabela 1.

Tabela 1 – Taxa de Sobrevivência das Atividades de Patenteamento

Processo de Patenteamento	Freqüência	% Sobreviventes do Estágio Anterior
Idéia bruta	3.000	100
Estudo viabilidade patenteamento	300	10
Patentes depositadas	150	50
Patentes concedidas	112	75
Patentes com valor comercial	9	8
Patentes de sucesso	= 1	= 10

A Geração de Idéias

Como visto, é preciso ter muitas idéias para atingirmos sucesso comercial, e, portanto, é importante estimular a criatividade e gerenciar bem a geração e a implementação de novas idéias. Criatividade e inovação andam juntas, de mãos dadas. A criatividade tem quatro dimensões: Pessoa, Ambiente, Processo e Produto[28]. É necessário que essas dimensões sejam consideradas ao mesmo tempo e de forma equilibrada, para que se obtenha êxito.

Quanto ao aspecto humano, há uma série de livros que ensinam técnicas e ferramentas para estimular a criatividade pessoal, o que é muito válido, pois muitos especialistas afirmam que a criatividade pode ser potencializada, treinada e deliberadamente desenvolvida. Entretanto, também há características e qualidades pessoais próprias que definem o pensador criativo. Normalmente, são pessoas curiosas, insatisfeitas, questionadoras, proativas e intuitivas.

> "As idéias são como pulgas,
> saltam de uns para os outros,
> mas não mordem a todos."
> (George Bernard Shaw)

Um erro comum nas organizações é selecionar pessoas via testes, que avaliam conhecimento técnico e habilidades de raciocínio matemático e lógico e depois as enviam para fazer breves treinamentos de criatividade, esperando que as inovações aconteçam.

Na década de 80, participei desse tipo de treinamento e me lembro que foi pouco proveitoso, porque somente duas dimensões eram consideradas: Pessoa e Processo. A gente acabava se frustrando, pois o Ambiente não estava receptivo a mudanças e não havia um compromisso com a concretização de um Produto. Saí do curso com aquela pergunta: "Foi interessante, mas... o que eu faço com isto?". Obviamente, não foi inútil, aprendi algumas ferramentas, como *brainwriting* etc., que vim a aplicar mais tarde.

Há algumas técnicas que, quando aplicadas no contexto apropriado e no momento certo, podem ser bastante úteis. Por exemplo:

- Técnicas do pensamento divergente: *brainstorming*, *brainstorming* reverso, *brainwriting*, mapa mental, synetics visual e pensamento lateral (E. de Bono).

- Técnicas do pensamento convergente: comparação por pares e critérios, PPC (vantagens, potencialidades e cuidados), pensamento estratégico e intuitivo.

Nem todas essas técnicas são plenamente aceitas e recomendadas. Leigh Thompson[29], da Universidade de Northwestern – Illinois, EUA, critica as técnicas de *brainstorming* de grupo aplicadas nas organizações, alegando que quase todos os estudos de laboratório revelaram que um grupo de *brainstorming* leva à produção de menos idéias do que um número comparável de membros praticando-o individualmente. Além disso, a qualidade das idéias geradas em grupo também é pior. Ela cita alguns aspectos que podem inibir a criatividade nas equipes de *brainstorming*. Estes são: oportunismo social, conformidade, bloqueio à produção e o contexto de norma de rebaixamento. Por outro lado, a Ideo reputa como um dos principais aspectos positivos do seu processo de inovação a cultura existente de *brainstorming*.

Um trabalho do Centro para a Liderança Criativa (*Center for Creative Leadership*), dos EUA, sinaliza as técnicas mais adequadas dependendo do grau de inovação:

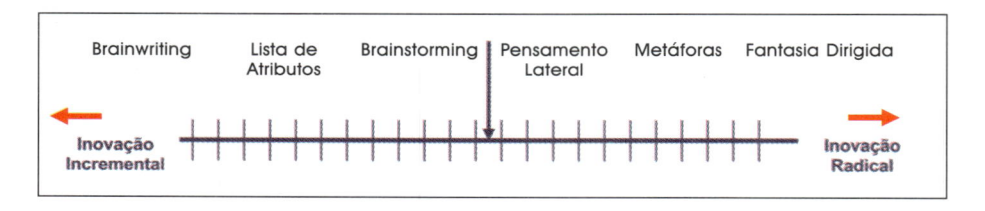

```
Brainwriting    Lista de    Brainstorming | Pensamento    Metáforas    Fantasia Dirigida
                Atributos                   Lateral

← Inovação                                                                Inovação →
  Incremental                                                             Radical
```

Há também metodologias de solução criativa de problemas como: método Osborn/Parnes (CPS), arquétipos (Mitodologia), processos de criação de protótipos.

O que ocorre é que a maioria das empresas não se organiza para gerenciar a criatividade de modo sistemático, fazendo com que as idéias se percam ou encontrem um meio pouco propício para o seu florescimento. Como foi citado, a Brasilata descobriu que é importante gerar muitas idéias para então extrair a qualidade. Em 2002, seus 900 funcionários geraram 10.387 idéias.

Essa empresa criou um sistema de garimpagem de idéias, que é levado tão a sério que a direção envia carta de justificativa a quem tem uma sugestão rejeitada[6]. O sucesso não vem só da coleta de novas idéias, é preciso criar um processo de análise, aprimoramento e seleção, bem como dar *feedback* a quem contribuiu, mostrando que a companhia valoriza a participação de seus empregados.

> Estimule a geração de idéias,
> pois elas são a matéria-prima
> da inovação.

Reconhecer os indivíduos como seres humanos dignos de respeito, em vez de "mão-de-obra" ou "pessoal", gera lealdade, disposição de cooperar e comprometimento. Empresas como a Brasilata e a 3M do Brasil criaram prêmios para recompensar as idéias de seus funcionários, trazendo efeitos extremamente positivos para a produtividade.

Já presenciei algumas iniciativas, como criação de "banco de idéias", que se mostraram extremamente improdutivas. A concepção da idéia *per si* não significa muita coisa. A idéia bruta tem de ser analisada, trabalhada, criticada, burilada, enriquecida, evoluindo num processo de maturação, para então se transformar num projeto, que poderá ser implantado ou não. A idéia necessita estar viva na organização! A criação de um repositório onde se estoca idéias não me parece muito adequada. A tendência é o "banco de idéias" se tornar um "fosso de idéias". Outra coisa que não costuma dar muito certo é separar, neste caso, o criador da criatura. Normalmente, quem gera a idéia está comprometido com ela e naturalmente será o seu bom guardião, trabalhando para a sua defesa e evolução. O prazer da criação mantém ligado o autor à obra.

A aceitação à idéia também necessita ser trabalhada, pois as barreiras e resistências são naturais num ambiente empresarial. Em geral, uma mudança, algo novo, afeta diferentemente os vários setores da organização. Não estou afirmando que não devemos veicular novas idéias, só acho que estas devem ser germinadas em solo nutritivo.

O método Osborn/Parnes, *CPS – Creative Problem Solving*, tem uma abordagem sólida na busca de solução de problemas[28]. Ele tem se mostrado eficiente na consecução de resultados criativos e inovadores. É dividido em seis etapas:

- desejo/objetivo/sonho;
- levantamento de dados;
- clarificação do problema;
- geração de idéias;
- busca da melhor solução;
- preparação para aceitação.

Plataformas de Inovação

As empresas inovadoras estão criando plataformas, que são estruturas informais, alianças livres de pessoas organizadas de qualquer maneira em torno de áreas particulares de especialização. Essas plataformas recebem diferentes denominações como: comunidades de prática, clubes de interesse, redes de excelência, redes de inteligência ou redes de inovação. Algumas empresas formalizam essas redes, como no caso da Petrobras, que as intitulou de Redes de Inteligência Tecnológica (RIT), que basicamente são constituídas por pessoas com interesse em alguma tecnologia ou competência que tenham impacto significativo nos resultados da companhia. É o ambiente ideal para troca de informações, pontos de vista, veiculação de novas idéias e o florescimento destas.

A propósito, há uma discussão se essas redes não funcionam melhor quando são formalizadas, estruturadas e dispõem de um coordenador ou animador. Embora não exista uma estrutura única para que uma comunidade de prática tenha sucesso, dois aspectos parecem ser determinantes para o bom funcionamento de uma rede: objetivos bem definidos e patrocínio da alta gerência. Como afirmou Reid Smith, da Schlumberger, "o maior desafio é criar e nutrir uma cultura de compartilhamento do conhecimento, na qual as pessoas compartilham o conhecimento e naturalmente aprendem umas com as outras. Elas passam a encarar essa atitude simplesmente como a coisa certa a fazer". É bom lembrar

> O conhecimento é "viscoso";
> sem um processo sistemático e
> facilitador, ele não se move.

que informação também é poder, e o hábito de compartilhá-la não é algo natural nas organizações, pois as pessoas acreditam que seu conhecimento é sua garantia de emprego[30].

Os principais objetivos de uma RIT da Petrobras são:

- estimular a inovação;
- reduzir o tempo de lançamento (*time-to-market*) da tecnologia gerada;
- acelerar o processo de aquisição de tecnologia da empresa;
- melhorar a integração das distintas áreas da cadeia produtiva, otimizando processos e produtos tecnológicos;
- formalizar e aprimorar o sistema de monitoramento tecnológico e do mercado;
- apoiar o processo decisório;
- coletar, gerar, codificar, validar, organizar e disseminar conhecimentos tecnológicos na companhia.

É também importante usufruir do conhecimento dos colaboradores da empresa, compartilhando informações e experiências, trocando opiniões e sugestões com clientes, fornecedores, parceiros e aliados. A "empresa ampliada" se constitui numa empresa integrada em sua cadeia produtiva e que explora todo o conhecimento e a inteligência disponíveis interna e externamente em seu ambiente de negócios. Exemplo da Sun Microsystem, a gigante dos computadores, que tem uma série de projetos com seus fornecedores liderados pela Sony, Seagate, Solectron Samsung e Zytec. Os gerentes de P&D da Sun convidaram especialistas dessas empresas para participar de projetos de desenvolvimento de novas placas de computadores e de inúmeros outros produtos para redes e servidores. Esse trabalho de equipe ajudou a reduzir pela metade o tempo de desenvolvimento, de modo que hoje a Sun pode lançar novos produtos em menos de um ano[4]. Isso significa aprender a tratar os parceiros com respeito e trabalhar com eles para desenvolver projetos que sejam realmente de benefício mútuo.

Eu não vou falar da essencialidade da relação da empresa com seus clientes, pois todo livro de gestão trata disso, e o assunto "foco no cliente" já se exauriu. Entretanto, um exemplo clássico de exploração eficiente da gestão de conhecimento, na vertente capital do cliente, é o da 3M, que colocou em prática um processo bem estruturado de pesquisa de sugestões. Seus profissionais, inclusive os da área de P&D, visitam freqüentemente os clientes em busca de novas idéias, pois chegaram à conclusão de que 70% dos produtos desenvolvidos na área química e 30% na área de informática vinham de idéias dadas pelos clientes.

É igualmente importante manter um relacionamento nutritivo com as universidades e pesquisadores acadêmicos, principalmente quando estamos trabalhando em áreas de fronteira do conhecimento. Os resultados obtidos pela pesquisa aplicada normalmente carecem de uma base de pesquisa mais fundamental, para melhor compreensão dos fenômenos envolvidos. À medida que buscamos a excelência de nossos processos e produtos, inevitavelmente requeremos mais conhecimento científico.

Organize-se para a Inovação

Organizar-se para a inovação é muito mais que gerenciar novas idéias. O desafio é criar deliberadamente espaços e momentos em que a criatividade possa aflorar. Sobretudo ter tempo para pensar nos nossos problemas, desafios e sonhos. É promover reuniões para:

- pensar estrategicamente, visando construir o futuro que desejamos;
- discutir cenários futuros e oportunidades;
- aplicar metodologias e ferramentas de solução criativa aos desafios e sonhos;
- repensar processos gerenciais e administrativos que estão nos incomodando ou nos roubam muito tempo;
- socialização, com agenda em aberto.

Há uma idéia cristalizada de que o ser humano só é criativo quando ocorre uma necessidade extrema, quando está sob pressão de um grande problema. Obviamente, temos necessidades e obrigações, mas também temos desejos, sonhos e ideais. Há ameaças que nos empurram, mas também oportunidades que nos seduzem. Em geral, o que nos estimula a "pensar fora da caixinha" são esses aspectos volitivos.

Eduardo Kastika[31], consultor em gerenciamento da inovação com formação na *Creative Education Foundation,* em Buffalo, EUA, reforça a necessidade de organizar e desenvolver um ambiente favorável à inovação, citando alguns aspectos relevantes:

- crie ambientes onde se construam idéias – ambientes de crescimento, positivos, fortemente críticos, informados e proativos;
- crie espaços para a criatividade;
- harmonize divergência e convergência:

    pensamento produtivo = pensamento divergente + pensamento convergente;
- gerencie e desenvolva talentos – gente talentosa faz a diferença;
- desenvolva equipes criativas;
- treine e capacite em criatividade;
- contabilize a criatividade como um capital intelectual.

Há vários aspectos que habilitam ou dificultam a geração de inovações. Seguindo o modelo de Leonard-Barton, há quatro dimensões a serem consideradas: Pessoas, Processos, Cultura, Infra-estrutura. O Cenpes criou um Grupo de Inovação, com o objetivo de propor ações no âmbito desse Centro de Pesquisas para tornar a Petrobras mais inovadora. Esse grupo desenvolveu um trabalho de análise, diagnóstico, proposição e hierarquização de ações, considerando essas dimensões. O trabalho foi concluído no fim do primeiro semestre de 2003 e desdobrado num plano de ação, que recebeu o nome de Plano de Inovação do Cenpes, que compreende três fases: mobilização, consolidação das práticas de inovação e incorporação das práticas de inovação. Esse plano está em fase de implementação.

Na Gerência de P&D do Abastecimento, que atua na área de refino e petroquímica, também há um projeto gerencial, em consonância com o plano do Cenpes, onde está sendo aplicada a metodologia Goldratt (teoria das restrições), em que estão sendo avaliados efeitos indesejados e diagramas de conflito na busca de soluções para aumentar o nível de inovações da sua carteira de projetos.

A construção de um ambiente propício à inovação não é trivial, pois trata-se de uma mudança de cultura. O Cenpes tem uma história de sucesso no desenvolvimento de novas tecnologias, mas sua liderança está empenhada em tornar a inovação não só num objetivo, mas também um "valor" que permeie a organização.

Neste capítulo, apesar de estarmos tratando do processo de inovação como um todo, nos concentramos mais no estágio de geração e coleta de idéias e do desenvolvimento de conceitos novos pelas plataformas.

Se este estágio for muito efetivo, a eficácia do estágio de desenvolvimento do novo produto ou processo será menos determinante. A maioria dos gerentes se concentra na etapa intermediária do processo, a fase de desenvolvimento, pois esta obviamente é mais fácil de controlar e os seus resultados fáceis de avaliar. O problema é que em muitas empresas se dá ênfase a um processo de desenvolvimento de produto rígido e superplanejado, com etapas de avaliação e filtragem que privilegiam o foco no custo e prazo, o que leva a resultados conservadores. Na Petrobras, também sentimos maior necessidade de projetos inovadores, e o gerenciamento de idéias nos parece ser o grande desafio.

Capítulo 7

O Centro de P&D Leopoldo Américo Miguez de Mello – Cenpes

O Cenpes é o órgão responsável pela função tecnologia da Petrobras. Foi fundado em 1963 e desde então tem funcionado como um Centro de P&D&E cativo da empresa. Localizado no campus da Universidade Federal do Rio de Janeiro, na Ilha do Fundão, sua missão é "prover e antecipar soluções tecnológicas, com visão de inovação e sustentabilidade, que suportem o sistema Petrobras". Tem como visão "ser símbolo de excelência em tecnologia na indústria do petróleo e energia".

Atua em todas as áreas de atividade da empresa: exploração, produção, refino, petroquímica, produtos, transporte, distribuição, gás, energia e gestão ambiental. Essas atividades abrangem as áreas de negócio da companhia: Exploração & Produção, Abastecimento, Energia e Desenvolvimento Sustentável.

Atualmente, a força de trabalho do órgão compreende cerca de 1.500 empregados, sendo que um pouco acima da metade é de profissionais de nível superior, dos quais 30% são consultores técnicos. Há um número elevado de profissionais técnicos contratados, aproximadamente 500, que apóiam as atividades executadas no Cenpes.

O que diferencia o Cenpes da maioria das instituições de pesquisa é o seu modelo P&D&E, que integra a atividade de Engenharia Básica à P&D. Isso representa uma contribuição significativa na valorização do Capital Intelectual, na medida em que resulta na pesquisa e no desenvolvimento de soluções harmonizadas com sua aplicação e retroalimentadas pelo acompanhamento operacional, agilizando e concretizando a cadeia de geração de conhecimento, além de reduzir o tempo de lançamento dos produtos *(time-to-market)*. A atuação integrada em P&D&E fortalece o desenvolvimento dos conhecimentos e habilidades pessoais, o domínio tecnológico e seus processos.

Os principais produtos do Cenpes são:

- projetos de P&D;
- projetos de engenharia básica;
- assistência técnica e consultoria;
- propriedade intelectual;
- informações técnicas.

A organização do trabalho no Cenpes é matricial para a atividade-fim. A estrutura organizacional apresenta três níveis hierárquicos e existem Programas e Áreas Tecnológicas com atuação transversal à estrutura formal, conforme esquematizado na Figura 3. A atuação matricial viabiliza a gestão compartilhada dos recursos pelos Programas Tecnológicos, Áreas Tecnológicas e Unidades Organizacionais, permitindo maior flexibilidade e agilidade na resposta aos desafios impostos pelo ambiente de negócio, como também representado na Figura 3. Esta estratégia de atuação colabora para o alinhamento dos recursos às prioridades estabelecidas em conjunto com os clientes.

O investimento da Petrobras em P&D está na faixa de 0,8% a 0,9% do seu faturamento; normalmente, as grandes empresas de petróleo investem cerca de 0,5% de suas receitas. Entre 1995 e 2002, a companhia investiu, em média, US$ 197 milhões por ano. Vale comentar que o nível de investimento tem se mantido constante, com uma leve tendência a aumentar, e que nunca este orçamento esteve à mercê de oscilações do preço de petróleo ou outras variáveis de negócio.

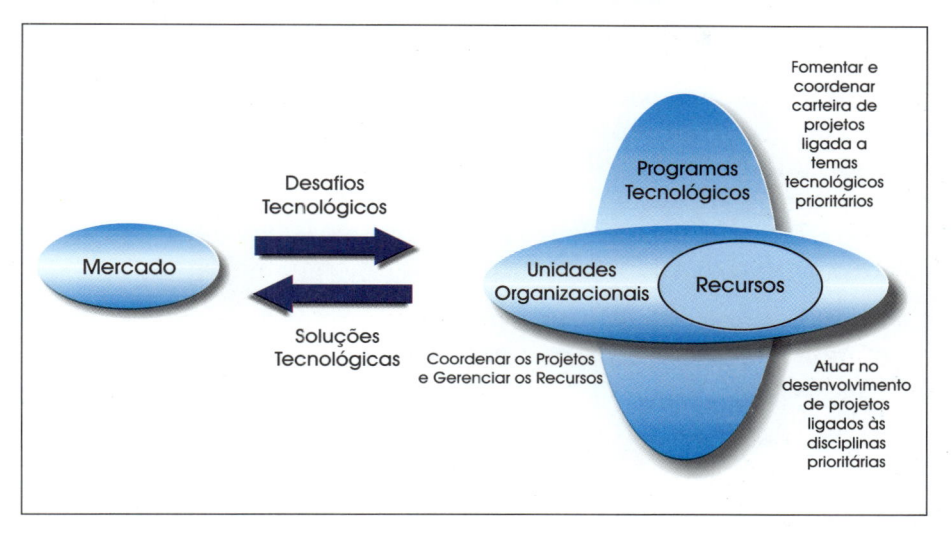

Figura 3: Atuação Matricial

O Cenpes é o órgão da Petrobras responsável pela propriedade intelectual da empresa. Em média, nos últimos anos, tem depositado 50 patentes no Brasil e dez nos EUA. A carteira em andamento atualmente no Brasil conta com 500 patentes e pedidos de privilégio de invenção. Possui 130 tecnologias protegidas em 60 países e 170 marcas em 50 países. Há um comitê composto por integrantes de diversos órgãos da empresa que analisam as Notificações de Invenção, documento elaborado pelas gerências técnicas que comunica a geração de uma inovação, com vistas a aprovar o seu encaminhamento para o patenteamento.

O Capital Intelectual

O principal processo de gestão da função tecnologia na empresa é o processo de planejamento do Sistema Tecnológico Petrobras, constituído pelo Comitê Tecnológico Estratégico – CTE e pelo Comitê Tecnológico Operacional – CTO. Este também é o ativo mais importante do Capital Estrutural do Cenpes e instrumento essencial do Capital Relacional ou do Cliente.

Sistema Tecnológico Petrobras – Comitês Tecnológicos

O Sistema Tecnológico Petrobras é formado pelo conjunto dos órgãos da companhia envolvidos na pesquisa, desenvolvimento, aperfeiçoamento, adaptação e aplicação de tecnologias relacionadas às atividades-fim da empresa. O Cenpes, em consonância com a filosofia de gestão integrada e compartilhada do Sistema Tecnológico da Petrobras, promove e coordena o processo corporativo de planejamento estratégico tecnológico.

O planejamento da atividade de desenvolvimento de tecnologia na Petrobras é feito em duas instâncias, uma estratégica e outra tático-operacional.

A fase estratégica tem por objetivo definir para onde deve ser conduzida a atividade de P&D. Considera as estratégias de negócio constantes no Planejamento Estratégico da companhia, as tendências tecnológicas, os sinais de mudança, as competências internas, o impacto competitivo das tecnologias críticas e o posicionamento atual e futuro da empresa nessas tecnologias, frente aos seus concorrentes.

Como produto dessa análise estratégica, têm-se as diretrizes tecnológicas, as posturas estratégicas e as diretrizes de gestão, que servem de balizamento para a escolha da carteira de projetos do centro de pesquisas e para o seu gerenciamento.

Há um Comitê Tecnológico Estratégico por área de negócio da Petrobras, ou seja, um para o Abastecimento (Comab), um para Exploração e Produção (Comep) e um para a área de Gás & Energia e Desenvolvimento Sustentável (Comeg). Esses comitês têm como principal objetivo prover soluções tecnológicas com ênfase na inovação e sustentabilidade.

Os participantes são os gerentes executivos das áreas de negócio da Petrobras, o gerente executivo do Cenpes e das Unidades de Serviço da Companhia ligadas à tecnologia, além de diretores de empresas subsidiárias. Esses comitês são realizados bienalmente, com revisões nos anos intermediários.

A operacionalização dos produtos do CTE ocorre no Comitê Tecnológico Operacional, fase tático-operacional, cujo objetivo é desdobrar as diretrizes tecnológicas em projetos de P&D, tendo como foco principal o atendimento das demandas das áreas de negócio da companhia. As orientações neste nível são definidas em reuniões anuais e contam com a participação dos coordenadores de Programa e de Áreas Tecnológicas, coordenadores de projeto, consultores técnicos e gerentes do Cenpes, bem como dos clientes, os gerentes das Áreas de Negócio e das Unidades de Serviço da companhia, além das empresas subsidiárias.

O processo do CTO ocorre anualmente para cada Programa e Área Tecnológica. Esse processo foi todo automatizado, passando a receber o nome de "CTO on-line". O levantamento das demandas tecnológicas é executado continuamente, através do contato permanente entre o órgão de P&D e as demais áreas da companhia; e o monitoramento tecnológico também, através dos consultores técnicos e das Redes de Inteligência Tecnológica, precedendo o processo do CTO, que é mostrado na Figura 4.

Figura 4: Fluxo do CTO

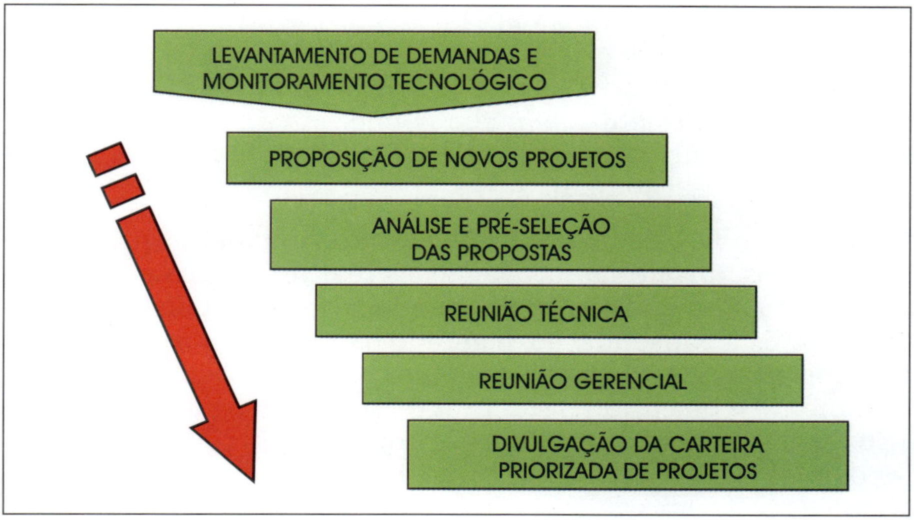

- LEVANTAMENTO DE DEMANDAS E MONITORAMENTO TECNOLÓGICO
- PROPOSIÇÃO DE NOVOS PROJETOS
- ANÁLISE E PRÉ-SELEÇÃO DAS PROPOSTAS
- REUNIÃO TÉCNICA
- REUNIÃO GERENCIAL
- DIVULGAÇÃO DA CARTEIRA PRIORIZADA DE PROJETOS

Uma vez ao ano, é declarado aberto o "CTO on-line" e iniciada a etapa de recolhimento das propostas de novos projetos. O coordenador do Programa Tecnológico ou da Área Tecnológica gerencia todo o processo, escolhendo os avaliadores técnicos e gerenciais e enviando as propostas para análise. Os avaliadores técnicos fazem comentários a respeito da adequabilidade e qualidade das mesmas e retornam para o coordenador do CTO. Os gerentes verificam a coerência com a estratégia, fazem comentários sobre os projetos e procedem a uma avaliação da atratividade, dando notas em critérios como:

- economicidade (benefício/custo potencial);
- competitividade;
- inovação;
- prazo de implantação dos resultados;
- exeqüibilidade;
- probabilidade de sucesso;
- abrangência;
- impacto ambiental;
- segurança operacional.

O peso de cada critério é negociado com os clientes, sendo a nota global do projeto sua média ponderada. O coordenador do CTO, de posse das avaliações, rejeita ou dá andamento à proposta para a priorização final.

Na Reunião Técnica do CTO, são apresentadas as propostas dos projetos, discutidas as avaliações realizadas, principalmente quando há uma disparidade grande entre as notas dos avaliadores. Após a consolidação, é gerado o ordenamento dos novos projetos aprovados. São apresentados os projetos da carteira em andamento e discutido o seu progresso. Inicia-se então a etapa de priorização final da carteira de projetos do Programa ou Área Tecnológica, considerando a carteira de projetos existente e os projetos recém-aprovados.

Os produtos dessa reunião são a carteira de projeto priorizada e diretrizes tático-operacionais para o seu bom andamento.

Posteriormente, ocorre uma Reunião Gerencial, na qual é referendada ou revisada a carteira final e feito um balanço do andamento do Programa ou Área Tecnológica. Procede-se então à divulgação da carteira de projetos, que norteará a alocação dos recursos de P&D na companhia por um período de um ano.

São realizadas, periodicamente, reuniões de acompanhamento da carteira de projetos de cada Programa ou Área Tecnológica, em que são apresentados os principais resultados e produtos, feito o controle da execução física e orçamentária, avaliado o esforço de divulgação e discutidos problemas e oportunidades. A periodicidade é variável, mas normalmente essas reuniões têm uma freqüência quadrimestral ou semestral.

O processo de planejamento do Sistema Tecnológico Petrobras apresenta a configuração mostrada na Figura 5.

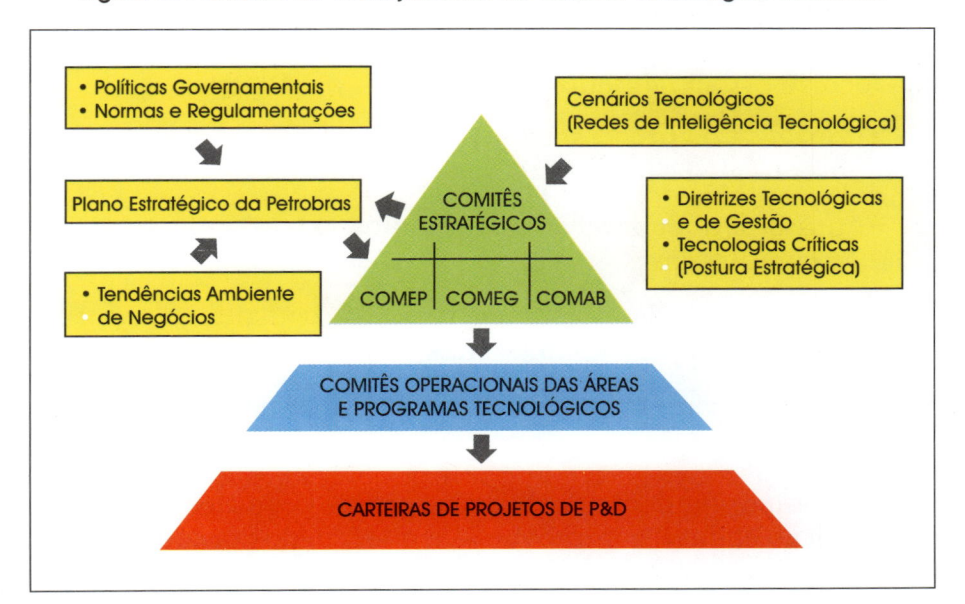

Figura 5: Processo de Planejamento do Sistema Tecnológico Petrobras

Este processo, até então, tem sido bem-sucedido e muito contribuiu para a superação dos desafios tecnológicos da empresa e para a reputação de que o Cenpes goza hoje junto à comunidade de ciência e tecnologia no país e no exterior. Entretanto, atualmente, o Cenpes está elaborando o seu Planejamento Estratégico até o horizonte de 2030 e discute a pertinência deste sistema que, bem ou mal, se baseia no funil da inovação. Este poderá não mais funcionar a contento numa organização de pesquisa que deseje mudar seu foco da rentabilidade para a sustentabilidade. Bem como pretende gerar inovações numa intensidade muito maior que a de sua série histórica. A metodologia aplicada no fórum do CTO deverá ser analisada atentamente, pois nesse fórum a opinião do cliente é determinante, e este tem tendência a priorizar os projetos mais conservadores. O Plano de Inovação que contribui para repensar o gerenciamento Cenpes do futuro está se ocupando deste assunto.

O Capital Relacional – Clientes e Parceiros

O Cenpes, como centro de P&D&E cativo, privilegia a interação com seus clientes, as áreas operacionais da companhia. Esta ocorre principalmente nestas quatro atividades:

- durante os processos CTE e CTO, garantindo uma visão estratégica e tático-operacional comum;
- durante a elaboração dos projetos, garantindo soluções customizadas;
- em serviços de assistência técnica e consultoria, suprindo as necessidades imediatas;
- no acompanhamento do desempenho de produtos implantados.

O acompanhamento do desempenho de produtos implantados junto ao cliente, comprovando a eficácia dos produtos, promove o aprimoramento dos processos de trabalho.

O processo de avaliação consiste na obtenção de informações dos clientes, através da Ficha de Avaliação de Projetos. Isto permite ao coordenador de Projeto e ao gerente da Área Técnica terem um retorno da adequabilidade e qualidade de seus produtos, objetivando o seu melhoramento e o aumento da satisfação do cliente.

O Cenpes realiza, anualmente, uma Avaliação Global dos Benefícios dos Projetos Concluídos, por meio de entrevistas com os coordenadores de Projeto e os clientes, em que os pontos críticos são divulgados para todas as gerências do órgão, estimulando melhorias contínuas em seus processos.

Em relação às parcerias, é importante identificar, selecionar e desenvolver relacionamentos que contribuam para os objetivos estratégicos da companhia e que agreguem competências complementares. Há uma grande articulação com a comunidade científica e tecnológica, no Brasil e no exterior, englobando universidades, centros de tecnologia, empresas de engenharia, fabricantes de equipamentos e supridores. São utilizados diversos meios, tais como:

- contratos e convênios diretos com universidades e centros de pesquisa;
- contratos com financiamento externo;
- redes cooperativas e redes de excelência;
- projetos multiclientes no exterior.

Além disso, o Cenpes coordena a participação da Petrobras no CTPetro – Fundo Nacional de Ciência e Tecnologia do Setor Petróleo e Gás Natural –, com o objetivo de fomentar o desenvolvimento tecnológico, a capacitação de pessoal e a infra-estrutura em universidades e centros de pesquisa de todo o país. As formas de interação são:

- contratos de prestação de serviços;
- contratos de cooperação tecnológica;
- projetos cooperativos;
- projetos multiclientes e afiliações.

O Capital Humano

Para um centro de P&D&E, que tem a inovação como um valor, é essencial selecionar, desenvolver e reter talentos. Consciente dessa necessidade, o Cenpes se preocupa com o desenvolvimento permanente de seus técnicos e equipes, estimulando o aprendizado contínuo, através dos seguintes mecanismos:

- identificação das competências requeridas para o sucesso de seus clientes, atuais e futuras, através dos Comitês Tecnológicos Estratégicos (CTEs);
- mapeamento das competências disponíveis e das lacunas de treinamento, através do Mapa de Competências, elaborado pelos gerentes com suas equipes e confrontado com as necessidades identificadas;
- monitoramento permanente do desenvolvimento tecnológico mundial para garantir treinamentos atualizados em níveis nacional e internacional;
- trabalho através de estrutura matricial, promovendo o intercâmbio do conhecimento e das experiências individuais;
- permanente contato de seus técnicos com os clientes, aprimorando o relacionamento e adquirindo conhecimento de suas necessidades;
- treinamento e implementação de novas metodologias e técnicas de gestão;
- incentivo para a produção e publicação de trabalhos científicos;
- participação em projetos que exigem conhecimento multidisciplinar;
- participação em Redes de Inteligência Tecnológica e outras comunidades de prática para discussão de assuntos específicos.

Ao mesmo tempo em que desenvolve o seu capital humano, o Cenpes está atento à retenção de seu corpo técnico, proporcionando um ambiente atraente, na busca de ser o melhor lugar para se trabalhar e se desenvolver:

- ambiente de trabalho estimulante, voltado à inovação;
- programas de desenvolvimento atraentes, com possibilidade de mestrado e doutorado no exterior;
- carreira em Y – função Especialista, destinada a empregados com alta capacitação e desempenho técnico, que detenham conhecimentos e habilidades em áreas estratégicas;
- função Supervisor para empregados de nível médio, que apresentam habilidade de coordenação de tarefas operacionais essenciais;
- Prêmio Inventor para as idéias patenteadas e que geraram inovações para a companhia;
- Prêmio de Excelência Cenpes, destinado aos empregados que participaram de projetos e serviços que alcançaram excelência, quer pela sua aplicabilidade, presteza, criatividade, quer pelo valor agregado;
- Programa de Reconhecimento, expressado através de: elogio por escrito com divulgação pela mídia interna; concessão de diploma de reconhecimento; divulgação do trabalho interna ou externamente; oportunidade de desenvolvimento profissional em outros órgãos; prioridade na participação em conclaves ou estágios no país e no exterior;
- desenvolvimento de atividades docentes na Universidade Corporativa;
- Participação nos Lucros e Resultados – PLR.

Capítulo 8

Casos Brasileiros de Inovação

Neste capítulo e no próximo, serão apresentados dois casos relevantes de desenvolvimento de tecnologia que mostram como a Petrobras, através de seu Sistema Tecnológico, enfrentou desafios da área produtiva que se impuseram ao seu negócio. Esses casos estão relacionados ao aumento de produção de petróleo em território nacional e à busca da auto-suficiência no suprimento desta importante fonte de energia e de seus derivados.

O primeiro está relacionado à produção de petróleo em águas profundas, devido à característica de formação geológica de nossas bacias sedimentares, onde as grandes reservas se encontram em profundidades superiores a 600 m de lâmina d'água. Isto obrigou a Empresa a desenvolver tecnologia própria, pois até então não existia tecnologia comercialmente disponível em nível mundial.

O segundo caso está relacionado ao refino desse petróleo, que é de natureza mais pesada, o que dificulta o seu processamento, pois nosso parque industrial foi concebido para operar com óleos mais leves. Dado as características dos petróleos nacionais, necessitamos de maior capacidade de conversão de frações residuais de refino, e, para tal, foi desenvolvido o processo de Craqueamento Catalítico Fluido de Resíduos – RFCC, objetivando adequar, ao menor custo, as instalações de refino existentes para um perfil de produção de derivados mais aderente ao demandado pelo nosso mercado.

Escolhemos esses dois casos de inovação tecnológica, que foram bem-sucedidos, com o intuito de analisarmos principalmente o ambiente interno à organização e seus fatores habilitadores à geração da inovação. Apesar de ambos terem se desenvolvido dentro da mesma empresa, existe uma cultura bem diferenciada entre as áreas de Exploração & Produção e do Abastecimento, que certamente influenciou diferentemente esses processos de geração de tecnologia.

São apresentados o contexto de negócio, o histórico do desenvolvimento dessas tecnologias e seus principais resultados e produtos. Analisados, para cada caso, os fatores ambientais e os principais aspectos organizacionais que influenciaram a geração dessas inovações. Os parâmetros escolhidos para análise são aqueles comumente citados na literatura sobre o assunto (Tidd, J. – Managing Innovation[32], Innovation DNA[33] e Pesquisa de Ambiência Organizacional da Petrobras).

A Produção de Petróleo em Águas Profundas

A Importância para a Auto-suficiência do País

Na década de 80, os trabalhos de exploração de petróleo na costa brasileira, que resultaram na descoberta dos campos gigantes de Albacora, em 1984, e Marlim, em 1985, ambos na bacia de Campos, impuseram à Companhia o desafio de produzir petróleo em lâmina d'água superior a 600m, pois na época não havia tecnologia disponível e comprovada comercialmente em nível mundial. As reservas desses dois campos correspondiam a quase 3 bilhões de barris, o que era significativamente maior que as reservas nacionais até então existentes.

A empresa se lançou à tarefa de desenvolver tecnologia para produzir petróleo em águas profundas, em 1986. Para tal, foi criado o Programa de Capacitação Tecnológica em Sistemas de Explotação para Águas Profundas (Procap), cujo mentor foi o então gerente executivo do Cenpes, o engenheiro José Paulo da

Silveira. Este programa foi implementado criando uma extensa rede de relações de pesquisas tecnológicas, que envolveu a comunidade científica do país, diversas indústrias especializadas e fabricantes de equipamentos, além do estabelecimento de acordos de cooperação internacional.

Nessa época, para se adequar aos problemas advindos das sucessivas crises econômicas, foi repensado o papel do Cenpes junto a Petrobras, considerando-se um universo de mais longo prazo. Elaborou-se, então, o primeiro Plano Estratégico do Cenpes, para o período 1985-1989, cujos objetivos tecnológicos foram definidos em consonância com os da empresa. Neste plano, foram estabelecidos os objetivos para a área de Explotação, que evidenciavam a questão do aumento da produção petrolífera em águas profundas. Estes eram:

- desenvolver capacitação tecnológica para projeto estrutural de plataformas e instalações marítimas de produção de petróleo em águas profundas;

- suplementar a capacitação tecnológica existente na área de projetos de facilidades em plataforma marítima de produção de petróleo;

- consolidar os conhecimentos tecnológicos através da elaboração de livros de "procedimentos gerais de projeto" para cada sistema de facilidade de produção.

O surgimento do Procap deu-se diante do aumento considerável das reservas de petróleo em águas profundas, o que veio comprovar a real necessidade de capacitação tecnológica nesta área. As reservas de petróleo e gás da Petrobras chegaram a 17,3 bilhões de barris de óleo equivalente, no fim de 1999, distribuídas da seguinte forma: 14% em terra firme, 11% em águas rasas e 25% em águas profundas. Os 50% restantes encontravam-se em águas ultraprofundas.

Como reflexo dessa distribuição e graças ao sucesso do Procap, a produção em águas profundas e ultraprofundas vem aumentando proporcionalmente em relação à produção total: de

1,7%, em 1987, para mais de 60%, ao final de 2000. Em 30 de dezembro de 2000, o pico da produção diária interna de petróleo da Petrobras era de 1.531.364 barris por dia (bpd), distribuídos da seguinte maneira: 17% em terra firme, 19% em águas rasas e 64% em águas profundas e ultraprofundas. Em 2005, a empresa atinge a produção de 1,8 milhão bpd no Brasil, dos quais cerca de 75% serão provenientes de águas profundas e ultraprofundas.

A História do Procap

A Primeira Fase: Procap (ou Procap-1000)

A primeira fase, que compreendeu o período de 1986 a 1991, teve como seu primeiro coordenador o engenheiro Frederico Reis de Araújo, que gerenciou o Programa com o objetivo de promover a capacitação técnica da empresa e realizar a extensão das tecnologias aplicadas às águas rasas na produção de petróleo e gás natural em águas com profundidade de até 1.000 m, visando o desenvolvimento dos campos de Albacora e Marlim. Foi executada uma carteira com o total de 109 projetos interdisciplinares, cujo principal resultado foi a plena capacitação tecnológica no uso de Sistemas Flutuantes de Produção baseados em plataformas semi-submersíveis, que permitiu à Petrobras produzir nesta lâmina d'água.

Em meados de 1987, foi firmado o convênio de prestação de serviço com a Coppe/UFRJ, visando o desenvolvimento de pesquisas e estudos na área de tecnologia submarina. Incluíam-se no convênio o desenvolvimento do Veículo de Operação Remota – VOR, pesquisas em hidroacústica, estudo e desenvolvimento em mecânica aplicada, estudos e pesquisas em corrosão, formação de recursos humanos e treinamento de pessoal em nível de pós-graduação.

Entre os vários convênios firmados destacavam-se: o projeto multicliente da firma escocesa Weir Pumps, *Multiphase Subsea*

Pump Development, que previa o desenvolvimento de uma bomba submarina capaz de bombear diretamente da cabeça do poço a emulsão óleo-gás-água para instalações localizadas em terra ou em uma plataforma; e a contratação da firma Seaflo para realização, em conjunto com a Petrobras, do projeto básico do *Template/Manifold* para o Campo de Albacora.

Nesse ano, o relatório de acompanhamento do Procap assinalava que o esforço de capacitação tecnológica devia ser concentrado nas alternativas de explotação que apresentassem as melhores perspectivas técnicas e econômicas para a companhia e o país, prevendo que devia ser reservado pequeno esforço para inovações tecnológicas com características radicais.

Em 1988, houve a primeira reavaliação do Procap pela Comissão Interdepartamental para Produção em Águas Profundas (Ciap), constituída por representantes de vários órgãos da companhia, tais como: Departamento de Produção, Departamento de Perfuração, Departamento de Exploração, Serviço de Engenharia, Serviço de Materiais, Serviço de Planejamento e o Cenpes. Foi a primeira vez que se estabeleceu um Comitê Gestor para fazer o acompanhamento das atividades de P&D, modelo que passou então a ser adotado pela empresa. Nessa reunião, foram priorizados as pesquisas em materiais, equipamentos, análise de tensões e prevenção de corrosão para as facilidades de produção de petróleo e gás natural em campos marítimos de grandes lâminas d'água.

Naquele ano, os trabalhos do Procap foram intensificados, aumentando o número de projetos. Entre eles, destacavam-se: o desenvolvimento de critérios e métodos de projeto de *risers* (trecho vertical da tubulação que traz o petróleo do fundo do mar para a plataforma) para a completação de poços e produção de petróleo; o projeto básico da árvore de natal molhada (sistema de controle do poço) para águas profundas – patente BR PI 01033428 0; e o desenvolvimento de plataformas flutuantes juntamente com a indústria nacional. O sucesso obtido pelas inovações na área de linhas submarinas e em operação remota incitou a diretoria da empresa a reavaliar os prazos previstos para o término do projeto.

Os sistemas de produção foram divididos em dois grandes grupos de projetos. O primeiro, linha de extensão tecnológica, em que a viabilidade técnica já estivesse comprovada para águas rasas com necessidade de aperfeiçoamento para águas profundas, tais como: sistemas flutuantes de produção com semi-submersível para lâminas d'água (LDA) até 1.500m; e sistema flutuante de produção com navios para 400 m de LDA, utilizando monobóia para 600m LDA, utilizando *turret* para 1.000m e 1.500m de LDA, com posicionamento dinâmico. O segundo grupo contemplava uma linha de projetos de inovação tecnológica, como: plataformas de pernas atirantadas – patente BR PI 9303646 9; torres complacentes; sistema de bombeio multifásico submarino – patente BR PI 0103443 0; e sistema flutuante de produção semi-submersível com completação seca – patente BR PI 9001182 1.

Em 1990, foi mudado o gerente do Procap, assumindo a coordenação-geral o engenheiro Marcos Assayag, que conduziu as atividades deste programa e de seus subseqüentes até setembro de 2002.

O Programa foi concluído em 1991, quando se realizou um esforço no sentido de avaliar seus principais benefícios. Seu principal produto foi o projeto do "Pré-piloto de Marlim", que entrou em operação nesse mesmo ano, possibilitando posteriormente à empresa ganhar o Prêmio de Mérito Tecnológico da Offshore Technology Conference – OTC do ano de 1992, em Houston, EUA.

A Segunda Fase: O Procap-2000

Os resultados obtidos no primeiro programa e novas descobertas, em águas ainda mais profundas, levaram o então gerente-executivo do Cenpes, o geólogo Guilherme Estrella, a propor a criação de um novo programa chamado Procap – 2000, Programa de Inovação Tecnológica da Petrobras para Sistemas de Exploração em Águas Profundas – de características mais ambiciosas que o anterior. Em julho de 1992, foi encaminhado um documento à diretoria, que o aprovou.

O Procap – 2000 foi executado de 1993 a 1999, englobando um total de 20 projetos sistêmicos, que abrangiam as tecnologias essenciais para que a companhia atingisse suas metas de produção. Para assegurar resultados significativos e efetivos nesses projetos, os produtos finais deveriam ser apresentados como protótipos, ensaios de campo, modelos em escala, simuladores computacionais ou projetos de engenharia básica, ou seja, requeriam-se produtos tangíveis, o que não havia ocorrido com alguns projetos da primeira fase do programa.

Esse programa conteve um viés de inovação muito mais forte que o anterior, estando na fronteira do conhecimento em muitos projetos[34]. Entre suas principais realizações, podemos citar:

- Projeto e execução de um Poço de Grande Afastamento (ERW) em águas profundas (Marlim Sul – com 4.400m de *offset*) – patentes BR PI 87000104 7, PI 0203714 9, PI 8900855 3, PI 0204030 e PI 0305956 1.

- Desenvolvimento de equipamentos submarinos para águas profundas como:

    ➢ Árvores de natal horizontais para lâmina d'água de 2.500m.

    ➢Adaptação de um *riser* de perfuração (DPR-Drill Pipe Riser) para utilização como riser de completação em águas ultraprofundas, especialmente desenvolvido para ser usado por uma Unidade Flutuante de Produção, Armazenamento e Exportação (FPSO) de posicionamento dinâmico.

    ➢Poços *Slender* para águas ultraprofundas – mais de 300 desses poços já foram perfurados com êxito na Bacia de Campos, reduzindo assim o tempo de perfuração e economizando custos logísticos e de aluguel de sonda – patente US 6,655,463.

- Desenvolvimento, instalação e operação de uma Bomba Centrífuga Submersa Submarina (ESP) em águas profundas. O sistema, que abrange uma árvore de natal horizontal, cabos de transmissão de força, conectores e um transformador de tensão, tudo para funcionar em águas profundas, foi instalado em 1.109m de LDA, no campo petrolífero de Albacora Leste. Está bombeando aproximadamente 600 m^3/d de petróleo para a plataforma P-25, localizada a quase 7 km de distância, desde junho de 1998.

- Desenvolvimento de Sistema de Separação Submarina – Vasps (Sistema de Bombeamento e Separação Anular Vertical), concebido em conjunto com a ENI-Agip, a Mobil e União Européia. Foi instalado no poço na plataforma P-8, no campo de Marimbá, estando em plena operação.

- Desenvolvimento de métodos para prever, prevenir e reduzir depósitos de parafina e hidratos em linhas de escoamento e equipamentos submarinos, tais como: dispositivos de limpeza de dutos – *pigging devices* – patentes BR PI 0203422 e PI 0304793 8; inibidores químicos; SGN^{TM} – uma tecnologia que utiliza *in situ*, uma reação química exotérmica para dissolução de depósitos de parafina; estudos de depósitos de hidrato em fluxo multifásico – patentes PI 93011717 7 e PI 9700727 7; técnicas para a localização e dissolução de depósitos em dutos submarinos – patentes PI 9705101 2 e PI 0205487 6.

- Desenvolvimento de tecnologia para a amarração e ancoragem de sistemas de perfuração, produção e transbordo até 2.000 m de LDA, como sistemas de pernas laterais tensionadas, com o uso de cabos de fibra de poliéster. Essa tecnologia pioneira foi introduzida internacionalmente em 1998 com a instalação em três plataformas semi-submersíveis: P-19, P-26 e P-27 – patentes BR PI 0001345 5, PI 0004758 9, PI 8803429 1, PI 9703101 1 e PI 9103336 5.

- Desenvolvimento do Sistema de Ancoragem de Complacência Diferenciada (Dicas), que consiste, basicamente, em um sistema de ancoragem convencional com diferentes graus de rigidez na popa e na proa da embarcação, para uso em instalações FPSO. Esse sistema inovador é uma alternativa econômica a dispositivos complexos e caros, como *turrets* e *swivels* – patente BR PI 9506067 7.

- Desenvolvimento e instalação de uma nova estaca de queda livre, denominada estaca "torpedo". Ela é usada para a fixação ao solo de linhas flexíveis de escoamento ligadas a unidades de produção. A estaca torpedo está sendo amplamente aplicada, e hoje dispomos de mais de 200 instalações – patente BR PI 8704412 9 e PI 0305833 6.

- Desenvolvimento de *risers* flexíveis para águas profundas, linhas de escoamento, umbilicais e conexões submarinas para 1.500 m de LDA.

- Desenvolvimento, instalação e operação do Sistema de Conexão Vertical para interligar linhas flexíveis de escoamento a árvores submarinas e *manifolds*. Esses sistemas foram testados através de protótipos e estão em utilização desde 1992, com centenas de operações bem-sucedidas na Bacia de Campos. Mais recentemente, um novo conceito de conexão vertical direta foi projetado para permitir que a árvore seja instalada antes ou depois da instalação da linha de escoamento.

- Desenvolvimento e instalação de um *Riser* Rígido em Catenária (SCR), usado pela primeira vez na plataforma semi-submersível de produção P-18, no campo de Marlim, em setembro de 1999.

Este programa terminou em 1999, tendo como grande produto o projeto da plataforma de produção de Roncador, o que propiciou à empresa, pela segunda vez, ser agraciada com o Prêmio de Mérito Tecnológico da OTC, no ano de 2001.

A Figura 6 ilustra uma série de recordes relativos à profundidade da lâmina d'água das instalações marítimas de produção de petróleo, colocadas em operação pela Petrobras. Para efeito ilustrativo, é comparado com a altura da estátua do Cristo Redentor, no Corcovado, na cidade do Rio de Janeiro.

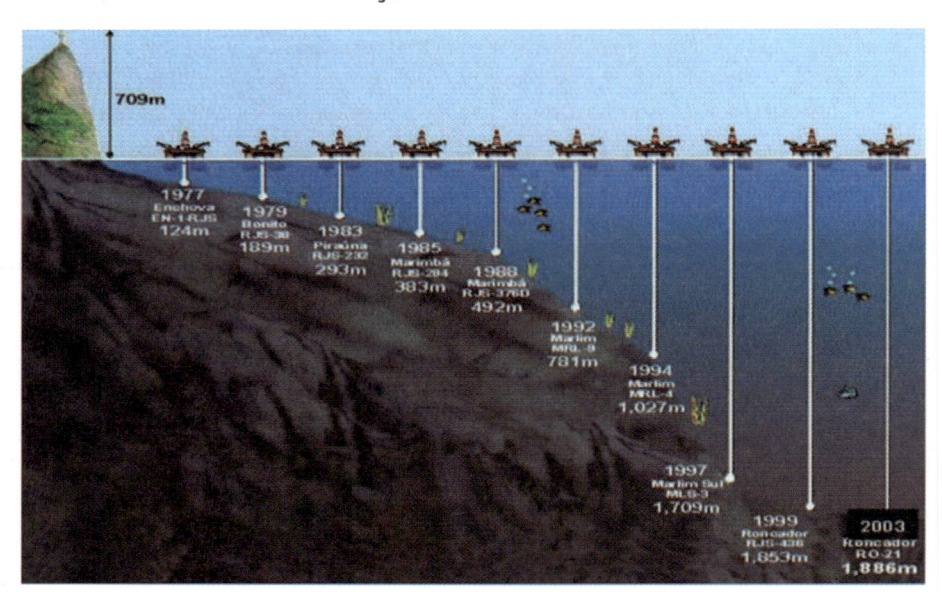

Figura 6: Recordes de Profundidade das Instalações de Produção *Offshore* da Petrobras

O Atual Programa – Procap-3000

Para colocar em produção os campos já descobertos em águas profundas, bem como o potencial de novas descobertas em lâminas d'água de até 3.000 metros, a indústria petrolífera necessita ampliar e desenvolver um conjunto de novas tecnologias para este cenário.

A área de negócio Exploração & Produção manifestou-se pela continuidade de um programa mobilizador que cumprisse esta função e, por conseguinte, foi lançado o Procap-3000 (Programa Tecnológico de Desenvolvimento em Explotação de Águas Ultraprofundas), que tem como objetivo prover e antecipar soluções tecnológicas que:

- contribuam para viabilizar, técnica e economicamente, a produção dos campos de Marlim Leste, Albacora Leste e Jubarte e das próximas fases de Roncador e Marlim Sul;

- viabilizem a produção de novas descobertas em lâminas d'água até 3.000 m;

- possibilitem a redução da parcela do Custo Total Unitário do Petróleo Extraído (Coboe) referente aos investimentos de produção, no Brasil e no Exterior, acima de 1.000m de LDA;

- contribuam para a redução do Custo de Extração (CE) dos campos em produção.

O Procap-3000 tem duração prevista de cinco anos, perfazendo o período de 2000 a 2004. Seu orçamento global está estimado em US$ 130 milhões. Contém 22 projetos sistêmicos, compreendendo 79 projetos, focalizando as principais tecnologias consideradas de importância estratégica para os cenários de águas ultraprofundas da empresa, como apresentamos na Tabela 1, na página seguinte.

Em setembro de 2002, o engenheiro Marcos Assayag deixou a coordenação do programa para assumir a Gerência-Geral de Engenharia Básica do Cenpes, e o engenheiro Jacques Braile Salies assumiu a coordenação do Procap-3000.

A execução da carteira de projetos está em pleno andamento, com perspectivas tão promissoras quanto aquelas atingidas pelos programas anteriores. Esperam-se reduções significativas de custos de produção, viabilizando o desenvolvimento em nível mundial de um grande número de campos de águas profundas. Destacam-se três projetos de grande impacto para a consecução deste objetivo[35]:

- o sistema de aquecimento de linhas submersas associado ao sistema de alimentação elétrica para o bombeio submersível, que visa a prevenir o risco de formação de hidrato nas instalações de elevação;

- o *Riser* de Pernas Atirrantadas (TLR), que alivia a compressão axial no ponto de contato da catenária com o solo marinho;

- e o sistema submarino de separação de água, próximo à cabeça do poço/*manifold*, localizado no fundo do mar. Esse sistema apresenta várias vantagens, como a redução da carga da instalação flutuante hospedeira, maior facilidade de escoamento do óleo e gás, redução do risco de formação de hidrato, flexibilidade para a reinjeção de água no poço.

Tabela 1 - Projetos Sistêmicos do Procap-3000

Segurança de poço
Poços inteligentes
Controle de Areia
Tecnologias Alternativas para Otimização da Perfuração/Completação de Poços em Grandes Profundidades de Água
Sistema de fluidos especiais para perfuração em grandes lâminas d'água
Perfuração em horizontes profundos
Estudos de Estabilidade de Poços Perfurados em Grandes Profundidades de Água
Controle de parafinas e hidratos
Concepções de isolamento, aquecimento e pigagem de linhas
Desenvolvimento de sistemas boosting
Desenvolvimento de tecnologia de gas-lift para águas ultraprofundas
Sistemas de risers rígidos em catenária
Sistemas de risers flexíveis
Dutos de coleta, exportação e controle para 3.000m
Sistemas de risers alternativos
Equipamentos submarinos para 3.000m
Sistemas submarinos de produção não-convencionais
Teste de longa duração para 3.000m
Ancoragem em águas ultraprofundas
Novas alternativas de Unidades Estacionárias de Produção
Unidades Estacionárias de Produção com completação seca
Coleta e tratamento de dados geológicos, geotécnicos e oceanográficos

Figura 7: *Manifold* instalado a 1.885m de LDA no Campo de Roncador.

Aspectos Habilitadores e Inibidores da Inovação

O processo de inovação é complexo, e é influenciado por fatores internos e externos à empresa. O sucesso é dependente do cenário socioeconômico, de aspectos de mercado e do ambiente interno da empresa. Não vamos nos ater ao macroambiente, como os seus aspectos econômicos e políticas públicas, tampouco pretendemos nos concentrar em fatores do ambiente-tarefa, como característica de produtos, mercado etc. Nosso foco são aspectos organizacionais e como a empresa buscou seus meios para inovar.

A literatura especializada cita como aspectos influentes: o fator humano, os recursos e a infra-estrutura disponíveis, os processos de gestão, a cidadania organizacional e os valores e a cultura empresarial.

Com o intuito de analisar os aspectos presentes no ambiente em que se desenvolveram as atividades de P&D para viabilizar a produção de petróleo em águas profundas, foram entrevistados o coordenador do Programa e seu assistente e alguns profissionais que tiveram atuação relevante junto ao Procap. Entre eles:

- *Marcos Assayag* – Ex-coordenador do Procap, atualmente gerente-geral de Engenharia Básica.
- *Marcus Vinícius Schornbaum Coelho* – Assistente do Procap.
- *Luiz Felipe Bezerra Rego* – Gerente de Tecnologia de Engenharia de Poço.
- *Cezar Augusto Silva Paulo* – Gerente de Tecnologia Submarina.
- *Luís Cláudio Souza Costa* – Consultor sênior da Gerência de Tecnologia de Materiais, Equipamentos e Corrosão.

Há um número grande de outros profissionais que contribuíram significativamente para o sucesso deste programa, mas não se pretendeu ser abrangente, selecionando um grupo que é bem representativo e que ocupou distintas posições hierárquicas. O período de desenvolvimento considerado vai desde o início do primeiro programa, Procap 1000, em 1986, até 2001, quando a Petrobras foi agraciada com o segundo prêmio da OTC.

Fator Humano

Capacitação e treinamento/criação de massa crítica

O Procap não estabeleceu uma política específica nem um programa especial de treinamento de RH para capacitar e treinar o corpo técnico que trabalhou nos seus projetos. Vale comentar que a Petrobras dispõe de um sistema de seleção e treinamento, através de concursos públicos e cursos de especialização, em que é executada uma efetiva triagem de pessoal para os seus quadros. Além da seleção por concurso, normalmente os novos entrantes participam de cursos de treinamento e estágios na área onde vão atuar, sendo exigido um elevado grau de dedicação e aproveitamento, sob pena de exclusão para os participantes que não atinjam um desempenho mínimo.

Basicamente, cada gerência que participou do Procap se preocupou em constituir a sua equipe e capacitá-la de modo a atender bem às suas demandas. Como era um Programa Tecnológico prioritário, obviamente suas necessidades de capacitação ganhavam atendimento preferencial em face de outras atividades.

Alguns exemplos de formação e capacitação das equipes:

- Na área de Tecnologia Submarina foi criado um Setor de Engenharia Submarina, para o qual foram contratadas pessoas com capacitação no mercado, por meio de concurso público dirigido e entrevistas. Dava-se preferência à experiência profissional, principalmente ter trabalhado em projetos. A filosofia de capacitação aplicada a esse grupo de profissionais foi o aprender através dos projetos de grande abrangência como: *Template/Manifold* de Albacora, Árvore de Natal Molhada para 1.000 LDA etc. Foi praticado, também, treinamento no campo, via embarques para participar de operações específicas.

- Na área de Engenharia de Poço, aprendeu-se fazendo, e através de tentativa e erro, acumulou-se muito conhecimento. Houve necessidade de forte articulação externa, buscando as universidades via Retep (Rede de Excelência Tecnológica de Engenharia de Poço), que agregou competências externas, pois o desafio era maior do que o Cenpes tinha a capacidade de atender.

- Na área de Ancoragem, o processo foi distinto, inicialmente buscando-se capacitação através de doutorado e mestrado em cabos de fibras sintéticas, pois não havia conhecimento interno nesta área. Embora se dispusesse de excelentes técnicos para fazer projetos de ancoragem, eles eram poucos para atender à demanda. Utilizaram também recursos externos por meio de uma infinidade de projetos com as universidades, o que muito contribuiu para a capacitação do pessoal.

Foram comentadas, também, algumas fraquezas na área de RH, principalmente na admissão e treinamento de pessoal. Na década de 90, houve um bloqueio para contratação de gente nova, e a ameaça de enxugamento do Cenpes levou a um foco excessivo no cliente, priorizando pesquisas incrementais e serviços técnicos. Havia necessidade da área de P&D demonstrar sua essencialidade. Os treinamentos de longo prazo, na forma que doutorados e mestrados, foram relegados a segundo plano.

Compromisso

O pessoal técnico e a gerência sempre estiveram plenamente compromissados, pois os desafios eram claros e havia uma forte mobilização em busca de resultados. Houve um grande envolvimento do pessoal de operação, criando um clima de desafio comum, todos buscando juntos o sucesso. Esta proximidade com a área operacional foi apontada como um aspecto importante para reforçar o compromisso da equipe. Foi citado, por exemplo, pela área de Engenharia de Poço, que todos os membros da equipe sabem que o aluguel de uma sonda de perfuração custa de US$ 120 mil a US$ 200 mil por dia. Daí a motivação pelo trabalho, pois se surge um problema, os técnicos se disponibilizam e se empenham em resolvê-lo. A visão do todo, principalmente das dificuldades de toda a cadeia produtiva, é importante. Outros aspectos contributivos eram o pioneirismo – a criação de algo novo motivava muito – e a oportunidade de aprendizado e de desenvolvimento.

Característica pessoal: iniciativa, curiosidade e paixão

Esse tipo de atributo pessoal não era gerenciado. Essas características estão presentes nos melhores profissionais, que normalmente eram escolhidos para coordenadores dos projetos. Entretanto, o fator determinante para a escolha era a sua bagagem profissional, principalmente a experiência na execução de projetos, mais apreciada que a titulação acadêmica.

Recursos e Infra-estrutura

Recursos físicos
(Laboratórios, equipamentos e tecnologia de informação)

Os recursos eram abundantes, a prioridade era total e existia facilidade em alocar os recursos necessários. No início, vários laboratórios foram montados para atender às atividades do Procap. No Cenpes, as instalações eram modernas e adequadas, e, quando não se dispunha de alguma técnica analítica usava-se recursos das universidades. Muitas vezes, foi solicitado orçamento adicional para projetos e, uma vez bem explicada e entendida a necessidade, os pedidos eram aprovados. Com respeito à tecnologia de informação, existiam os recursos necessários, mas, na maioria das gerências, não havia uma liderança com respeito a sua disponibilidade e aplicação.

Alianças, parcerias e recursos de terceiros

As modalidades de agregação de recursos de terceiros foram muito praticadas. O conceito de empresa ampliada foi plenamente adotado, pois houve uma grande participação da comunidade tecnológica nacional e internacional. Desde o início, já nos projetos do Procap 1000, foram firmados convênios com 13 empresas de engenharia, 31 indústrias, 11 universidades e centros de ciência e tecnologia no país e 38 empresas internacionais, através de projetos multiclientes, programas de transferência de tecnologia e acordos de cooperação tecnológica.

O desenvolvimento de fabricantes de equipamentos e supridores de insumos é basilar para um programa pioneiro de desenvolvimento de tecnologia. Por exemplo, na área de Tecnologia

Submarina, para a fabricação da árvore de natal molhada, foi firmado um Acordo de Cooperação Tecnológica com a Kvaerner, companhia norueguesa, que compreendeu desde as atividades de projeto até a instalação do equipamento na bacia de Campos.

Um outro exemplo foi o trabalho realizado pela equipe de ancoragem junto às cordoarias, para a fabricação de cabos sintéticos no mercado mundial.

Inicialmente, estabeleceram-se parcerias para manufatura dos cabos de bitola elevada, que não existiam no mercado, com firmas americanas, inglesas e suecas. Foram procuradas também duas cordoarias nacionais, uma na Paraíba e outra em São Leopoldo, RS. Os primeiros cabos foram encomendados da Inglaterra, pois era o fornecedor de menor preço. Depois, descobriu-se uma outra cordoaria em Portugal. Além disso, a cordoaria do Rio Grande do Sul foi estimulada a tornar-se um supridor, sendo necessário para tal instalar uma máquina caríssima de ensaio de controle de qualidade, para certificar os cabos. A Petrobras financiou esse equipamento, que está sendo pago por meio de serviços.

Na época da construção da Plataforma de Produção P-36, chamamos as cordoarias portuguesa, inglesa, sueca e brasileira, dividindo o fornecimento, numa política de desenvolver esses fornecedores. Isso se mostrou pertinente, pois, no fim da década de 90, quando tivemos um boom de construção de plataformas, um fornecedor só não teria condições de suprir toda a demanda.

A política atual é de estabelecer alianças estratégicas, consolidando a prática de inclusão de companhias de engenharia desde a fase inicial do projeto, objetivando reduzir o tempo de lançamento dos produtos. Ocorreram alguns casos, em que os projetos progrediram, e na hora de produzir o equipamento, material ou dispositivo, verificou-se a sua inviabilidade técnico-econômica.

A prática de projetos multiclientes, principalmente para a pesquisa pré-competitiva, foi se estabelecendo ao longo do tempo, até se tornar bem disseminada no Procap. O mesmo ocorreu com os acordos de cooperação com empresas de petróleo. Foram firmados acordos com: Shell, BP, Statoil e ChevronTexaco.

Com relação a recursos de terceiros, as universidades brasileiras foram plenamente utilizadas. Muitos desses, do CTPETRO – Fundo Setorial de Financiamento a P&D da Finep/ANP –, foram alocados para equipar e capacitar as nossas universidades para prestação de serviços ao programa. Houve um esforço de capacitar o pessoal da universidade visando suprir as demandas; alguns desses alunos, que fizeram pós-graduação sobre petróleo em temas relativos às águas profundas, hoje fazem parte do quadro de funcionários da empresa.

Trataremos a relação com as universidades no item a seguir.

Consultorias e convênios

Houve algumas consultorias, mas não foi uma modalidade dominante nos projetos do Procap. Uma consultoria importante realizou-se ao longo do projeto *Template/Manifold* de Albacora, quando três consultores americanos ficaram no Cenpes, por um período de seis meses, orientando a execução do projeto junto à equipe de Tecnologia Submarina.

A área de Engenharia de Poço também contrata consultorias quando não há internamente a capacitação requerida.

Por outro lado, convênios com universidades brasileiras e estrangeiras foram amplamente praticados. Alguns núcleos tecnológicos e laboratórios foram criados, no país, para atender ao Procap, participando de inúmeros projetos do programa, além de prestar serviços técnicos à Petrobras. Entre estes, destacam-se:

- Coppe/UFRJ – análise de estruturas e engenharia submarina.
- USP/IPT – ensaio de modelos reduzidos e engenharia naval.
- Unicamp – engenharia de petróleo, mecânica dos fluidos e termodinâmica.

- PUC – engenharia submarina e computação científica (Tecgraf).

Os processos de instalação na área de ancoragem passavam por uma etapa de certificação, que era executada no Marintek, na Noruega, pois não se dispunha da facilidade de teste no país. A Petrobras, recentemente, montou um Tanque Oceânico nas instalações da Coppetec/UFRJ para a execução desse serviço. Um outro exemplo é o laboratório de cabos sintéticos, que foi montado na Universidade Federal de Rio Grande, via programa Redepetro.

Havia também convênios com universidades no exterior; por exemplo, a associação ao "Clube do Cabo", um consórcio tecnológico coordenado pela Universidade de Reading, na Inglaterra.

Vale comentar que este modelo de intensa contratação externa de serviços, para funcionar bem, requereu gente capacitada internamente, para acompanhar os projetos e analisar seus resultados, direcionando-os para a aplicação, pois a inovação só se realiza quando aplicada ao meio produtivo.

Processos de Gestão

Ligação com a estratégia

A tecnologia, hoje, está inserida na estratégia da empresa, fazendo parte da sua base de sustentação. A estratégia de busca da auto-suficiência na produção de petróleo se viabilizou graças a este Programa. A partir do Procap-2000, ficou mais clara esta interdependência, estando o atual programa totalmente aderente ao Planejamento Estratégico da Petrobras.

Liderança

O Procap teve uma liderança forte. O seu coordenador, Marcos Assayag, tinha grande capacidade de articulação interna e externa, relacionando-se bem com os tomadores de decisão da empresa. Passou a desempenhar o papel de assessor para contatos externos do diretor de E&P, no que dizia respeito à tecnologia. O programa sempre contou com o apoio da alta gerência da Petrobras e dos gerentes-executivos do Cenpes. Este alavancou a companhia na área de águas profundas e, reciprocamente, colheu os frutos disso, virando um grande instrumento de marketing. A visibilidade do Procap contribuía para o bom andamento dos seus projetos.

Governança

O Procap, além dos feitos tecnológicos, propiciou o surgimento de um novo sistema de gerenciamento para um conjunto de projetos prioritários, através de uma estrutura matricial.

As Reuniões Anuais de Avaliação do Programa, que posteriormente passaram a se chamar CTO, tornaram-se eventos importantes, nos quais eram apresentados pelos clientes os desafios tecnológicos da área de E&P e os reais problemas operacionais, o que dava foco aos gerentes, coordenadores e especialistas que executavam os projetos. Foi o embrião do Sistema Tecnológico da Petrobras, gerando o sistema de Comitê Tecnológico Estratégico e Operacional (CTE e CTO), que priorizam as atividades de P&D da companhia.

Os Projetos Sistêmicos também auxiliaram o gerenciamento, pois arregimentavam toda uma área de conhecimento para a consecução de um objetivo. Além do CTO do Procap, organizavam-se *workshops* específicos para os projetos sistêmicos, facilitando o foco e a circulação de informações entre os técnicos.

Ferramentas de gestão

O GPROJ era uma simples ferramenta, um software de registro e acompanhamento das atividades de projetos, não contribuindo para a geração de inovações.

Gestão do conhecimento

Havia muito poucos instrumentos sistemáticos e formais. As comunidades técnicas eram os meios de geração e circulação de conhecimento, mas não estavam arranjadas de forma organizada, como hoje se pretende através das Redes de Inteligência Tecnológica. Entretanto, havia veículos de disseminação de informações, como: Relatórios Técnicos, Comunicações Técnicas, *Workshops* e CTO.

A prospecção de novas tecnologias e a captação de oportunidades eram monitoradas pelas áreas tecnológicas que apoiavam o Procap. Este programa trouxe esta experiência, que se consolidou como uma boa prática. O Mapeamento de Competências internas e externas foi outro instrumento que começou a ser aplicado em algumas áreas tecnológicas, e hoje está sendo amplamente praticado no Cenpes.

De modo não homogêneo e abrangente, em algumas áreas, há tempo já se praticam ferramentas de lições aprendidas e melhores práticas. Por exemplo, quando é concluída a instalação de uma plataforma, é promovida uma Reunião de Avaliação, pela área operacional. Nessa reunião faz-se uma análise do que deu certo e errado, naquele evento, servindo para revisar as normas e disseminar as melhores práticas.

Outro fórum em que se busca adotar as melhores práticas e disseminar informações são as Reuniões dos Grupos de Revisão, quando a concepção do projeto de exploração ou produção, para um determinado campo, é apresentada para todos os envolvidos, sendo o projeto criticado e enriquecido.

O Procap facilitou o relacionamento com os clientes, a sede e as regiões de produção, mas o grau de participação do cliente nos projetos variava muito. Era maior quando havia maior probabilidade de uma aplicação imediata no meio produtivo, como, por exemplo, a instalação de um piloto. O objetivo de aplicação aumentava muito o interesse, e a disseminação das informações sobre o projeto tornava-se mais fácil.

Cidadania Organizacional

Salários

Não havia nenhum ganho direto ou diferenciação salarial para os participantes do projetos do Procap, quer fossem coordenadores ou colaboradores.

Reconhecimento e recompensa

Os coordenadores de Projetos Sistêmicos ou de um projeto de P&D muito importante do Procap usufruíam de maior visibilidade e status. Isso, indiretamente, ajudava nas promoções ou a designação para a carreira de consultor. A partir de 1999, o coordenador do Procap passou a opinar na avaliação do pessoal e distribuição de bônus.

Confiança

O grau de confiança entre os técnicos e a gerência, entre os técnicos e seus pares e entre as equipes sempre foi elevado, como apontam as pesquisas de clima. Participar do Procap ajuda a autoconfiança e dá segurança e prestígio aos técnicos. O programa sempre teve apoio de todo o corpo gerencial do Cenpes, e era dada autonomia às equipes.

Valores e Cultura

Estímulo ao risco

O objetivo do Procap não era ter um carteira de projetos de alto risco e recompensa, pois o prazo de sua vigência era restrito, não comportando projetos radicais de muito longo prazo. Entretanto, foram geradas várias inovações, embora não fosse este o seu principal foco. O programa sempre criou seus projetos, visando a aplicação em uma determinada unidade de produção, lidando com metas de produção reais e definidas. O prazo de consecução dos objetivos era o natural limitante, evitando os grandes saltos. A coordenação era ciosa da probabilidade de sucesso e do atendimento aos prazos. O risco era calculado. Os projetos tipo *blue-sky* deveriam permanecer na área tecnológica, pois requeriam um longo prazo de execução.

Apesar dessa filosofia geral, em algumas áreas, como na de ancoragem, arriscou-se bastante. A tolerância ao erro foi grande. A hora da verdade acontecia mesmo durante uma instalação. Faziam-se estudos e simulações, mas houve algumas vezes em que determinados aspectos, devido ao pioneirismo e ao desconhecimento, não foram considerados, resultando em alguns prejuízos. Enfim, havia espaço para ousar, e este foi amplamente explorado!

Desafio e incerteza

São fatores que muitos autores consideram necessário estarem presentes no ambiente para incitar a geração de inovações. O Procap tinha o seu desafio, em nível macro, muito bem definido, servindo de elemento mobilizador, aglutinador de esforços. As incertezas eram inerentes ao processo de geração de uma tecnologia pioneira, e o risco era bem gerenciado.

Estímulo à participação

Havia oportunidade de participação e um estímulo à proatividade, sendo dada autonomia ao técnico que soubesse explorá-la. O fato de estar desenvolvendo uma atividade pioneira incitava o empreendedorismo. As contribuições normalmente eram bem-vindas.

Espírito de equipe

Em muitas áreas, o trabalho em equipe fazia parte da própria atividade, pois os projetos eram grandes, requerendo a participação de no mínimo quatro ou cinco pessoas. Em outras, os projetos eram mais segmentados, mas ao longo da existência do programa as equipes multidisciplinares começaram a surgir, tornando-se o padrão mais comum. Uma parte do corpo técnico acha que o Procap foi contributivo para o aumento do espírito de equipe, pois havia um objetivo empresarial comum que servia de aglutinador. Em alguns projetos, o time do Cenpes se mesclou à equipe operacional para executar diversas atividades, criando sinergias, experiências e vínculos pessoais que muito contribuíram para o bom andamento dos trabalhos.

Aprendizagem contínua

Embora não houvesse um sistema formal específico de treinamento e capacitação para quem atuasse em projetos do Procap, o pioneirismo de diversas atividades requeria dos profissionais adquirir continuamente novas habilidades e conhecimentos. Havia muita troca e aprendizado no trabalho em equipe e nos trabalhos de campo.

Faz parte da cultura da empresa estar sempre se aprimorando. O Procap também contribuiu para isso, pois os desafios estavam muito claros e sentia-se necessidade de maior capacitação e aprofundamento do conhecimento. Não dava para viver dos louros do sucesso anterior, era necessária a superação contínua dos resultados. Existia também um forte espírito de competição em face das outras empresas produtoras de petróleo; buscava-se a liderança mundial, o que impulsionava a equipe.

Flexibilidade, reação às mudanças

O programa proporcionou significativas mudanças na gestão da companhia, pois esta não estava preparada para atuar matricialmente, e no início ocorreram sérios conflitos. Contribuiu para uma maior flexibilidade, criou a cultura de "atender a dois patrões".

Na área técnica, a reação à mudança não foi tão sentida. Existe o espírito de que é bom desenvolver e aprender coisas novas, usar novas práticas, até mesmo desaprender coisas antigas! Quando surge um problema, normalmente a equipe se mobiliza para resolvê-lo, atuando com muito jogo de cintura, assumindo distintas atribuições, respondendo bem às crises. Entretanto, há uma grande inércia para começar e interromper projetos.

Desapego às idéias

Há uma boa dose de apego às idéias e grande vontade de concretizá-las no ambiente do Cenpes. Quase todos os técnicos que atuaram em atividades pioneiras, que geraram inovações, continuam trabalhando na mesma área, fazendo agora a sua otimização. Abortar um projeto não é uma tarefa fácil!

A síndrome do "não-inventado-aqui" e do "temos-que-desenvolver-tudo" esteve presente no início do Procap. No entanto, essa fase foi superada, pois atualmente é utilizada amplamente a capacitação existente fora da empresa.

Capítulo 9

O Craqueamento Catalítico Fluido

A sua Importância no Esquema de Refino

A Petrobras ampliou significativamente o parque de refino nacional nas décadas de 60 e 70, sendo que a última refinaria a ser construída, a Revap, entrou em operação no início dos anos 80, expandindo a capacidade nacional para 1,5 milhão de bpd. No início da década de 60, refinávamos somente 150 mil bpd, correspondendo a um crescimento de 1.000% em nossa capacidade de refino nesse período, sendo construída uma refinaria a cada três anos[36]. Essas foram concebidas para processar petróleos importados, pois a produção doméstica na época era incipiente. Com o aumento expressivo da produção brasileira de petróleo, o parque de refino sentiu necessidade de dispor de maior capacidade de unidades de conversão, devido às características do óleo nacional, que é mais pesado.

A unidade de conversão amplamente disseminada em nosso parque industrial é o Craqueamento Catalítico Fluido (FCC), existindo pelo menos uma unidade em cada refinaria, sendo que as refinarias Regap, Replan e Rlam dispõem atualmente de duas unidades cada uma, perfazendo um total de 13 unidades no país. Estas foram implantadas adquirindo-se tecnologias de licenciadores internacionais, menos as duas últimas unidades construídas, que se destinam ao processamento de cargas contendo resíduo, cujos projetos de engenharia básica e executivo foram totalmente nacionais.

O processo de FCC, que tem mais de 60 anos de aplicação comercial, é um dos mais flexíveis e rentáveis do refino. Em sua trajetória evolutiva, inúmeras inovações foram introduzidas, tanto no que diz respeito ao processo e equipamentos como na formulação dos seus catalisadores. Os catalisadores evoluíram de sílica-alumina para alta alumina e então para zeólita, em cada passo se abrindo um novo patamar de competitividade. Da mesma forma, os avanços em sistemas reacionais conferiam novas possibilidades de aplicação na indústria do petróleo.

A unidade de FCC tem a importante função de converter gasóleo pesado de vácuo em frações mais leves na faixa dos combustíveis como: GLP – o gás de cozinha, gasolina e diesel. Isto propicia melhor adequação ao nosso perfil de demanda de derivados. Esse tipo de unidade, se adaptados seu processo e catalisador, poderá processar cargas compostas com a adição de algumas frações residuais do refino. Neste caso, passam a ser chamadas de unidades de RFCC.

No início da década 80, devido ao segundo choque do petróleo, que incitou o uso de energias alternativas e provocou uma recessão, aliado ao fato de estar aumentando a produção e o processamento de petróleos nacionais mais pesados, o Brasil passou a ter excesso de disponibilidade de óleo combustível. Foi criado então o Programa Fundo de Barril, que visava a maximizar a conversão das frações residuais do petróleo, obtendo um rendimento maior de combustíveis nobres. Iniciou-se a adequação das unidades de refino para esse fim. A adição de frações residuais à carga das unidades de FCC até então não era praticada, constituindo-se esta basicamente de gasóleo. O limite de resíduo de carbono estabelecido para a carga era de 0,3%. Como havia uma folga de capacidade nas unidades de FCC, estas naturalmente foram escolhidas para processar o excesso de resíduo de vácuo, corrente majoritária do *pool* de óleo combustível. Paulatinamente, passou-se a adicionar frações residuais à carga das unidades, como é mostrado no Gráfico 6, pela barra hachurada. A Petrobras, hoje, tem posição de liderança nesta prática, pois a média nacional de adição de correntes residuais ao FCC se aproxima de 30%, valor muito maior que a média mundial. Isto resulta num ganho de cerca de um dólar por barril processado, o que corresponde atualmente a mais de 500 mil dólares por dia de rendimento adicional no complexo de refino brasileiro.

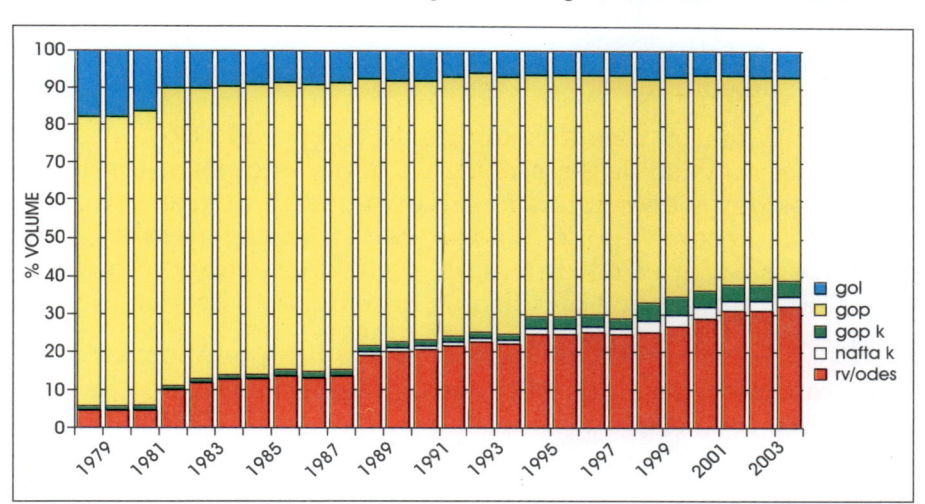

Gráfico 6: Evolução da Composição da Carga das UFCCs da Petrobras

O Processo

O processo de FCC (*Fluid Catalytic Cracking*), que surgiu na década de 40, baseia-se na fluidização e circulação do catalisador sólido. A matéria-prima, o gasóleo proveniente da destilação a vácuo, após recuperar calor de correntes quentes do processo, entra em contato com o catalisador a uma temperatura elevada, ocorrendo a ruptura (*cracking*) das cadeias moleculares, dando origem a uma mistura de hidrocarbonetos, que são posteriormente fracionados. São produzidos principalmente GLP e gasolina, além de outras frações, como o LCO, que poderá sofrer tratamento posterior para integrar o pool de diesel, e o óleo decantado, que normalmente é destinado ao pool de óleo combustível ou vendido como resíduo aromático.

O craqueamento catalítico ocorre no reator, um tubo com fluxo ascendente, chamado *riser*, em que dá um íntimo contato entre a carga e o catalisador, ocorrendo o rompimento das cadeias hidrocarbônicas longas, sendo gerados compostos mais leves. Durante a reação, há formação de um resíduo de alto teor de carbono, denominado coque, que se deposita na superfície do catalisador. Para que a atividade catalítica não seja prejudicada, torna-se necessária a remoção do coque formado, o que é feito por meio de sua combustão.

Após o reator, o catalisador gasto é separado dos produtos de reação, no vaso de separação. Os vapores de óleo tendem a saturar os poros do catalisador e, conseqüentemente, este deve ser retificado com vapor d'água antes de ir ao regenerador, onde se processa a queima do coque. Esta operação se passa no *stripper* ou retificador, que fica na base do vaso de separação.

O catalisador regenerado, que está a uma temperatura elevada, retorna à base do reator, ficando assim estabelecida uma contínua circulação, que se torna possível devido à diferença de pressão entre o regenerador e o reator.

Os efluentes gasosos do reator, constituídos de hidrocarbonetos craqueados, gases inertes e vapor d'água, são separados do catalisador gasto no final do *riser* por meio de diferentes dispositivos de separação e ciclones. São então direcionados para a área de fracionamento, onde são separados nos diferentes cortes de produtos.

O catalisador virgem, na forma de um pó muito fino, é adicionado ao regenerador. A carga injetada na base do *riser*, ao entrar em contato com o catalisador quente vindo do regenerador, vaporiza-se instantaneamente. Nas zonas de reação e regeneração, o catalisador é mantido em suspensão pela passagem de gases através de sua massa.

Além das seções de conversão e de fracionamento já citadas, há a seção de recuperação de gases, bem como poderá existir uma seção de tratamento dos produtos, visando enquadrá-los às especificações dos combustíveis. O escopo desse trabalho se atem à seção de conversão, que é a de maior complexidade, encerrando o coração da tecnologia, sendo de vital importância na unidade de FCC e, por conseguinte, o local onde foram concentrados os esforços de desenvolvimento tecnológico.

Os Licenciadores da Tecnologia

Há diversos projetos de conversores de craqueamento catalítico fluido, que diferem uns dos outros pelo arranjo relativo entre o reator e o regenerador. O parque de refino Petrobras dispõe de diferentes tipos de conversores, tais como:

➢ Kellogg: Orthoflow B – Rlam

• Orthoflow C – RPBC, Replan

• Orthoflow F – Repar, Revap e Replan II

➢ UOP: Side by side – Reduc

• Stacked – Regap, Refap e Reman

• Side by side HTR – Regap II

➢ Petrobras: PAC^{RC} – Recap e Rlam II

Vale comentar que o projeto da Replan II, modelo Orthoflow F da Kellogg, foi todo executado pela Engenharia Básica da Petrobras, fruto da transferência de tecnologia previamente realizada.

Além destes modelos de conversores existentes no parque de refino brasileiro, há outros licenciadores desta tecnologia, como a Stone Webster, a ExxonMobil, a Shell e o IFP/Total (Axens) que também detêm o domínio deste processo.

A Trajetória de Construção do Conhecimento

A trajetória de construção de conhecimento sobre craqueamento catalítico na Petrobras compreendeu basicamente quatro etapas: fase de aprendizado operacional, fase de aquisição, fase de consolidação e fase de domínio. A Figura 7 apresenta a evolução do conhecimento sobre a tecnologia de FCC na Petrobras ao longo do tempo.

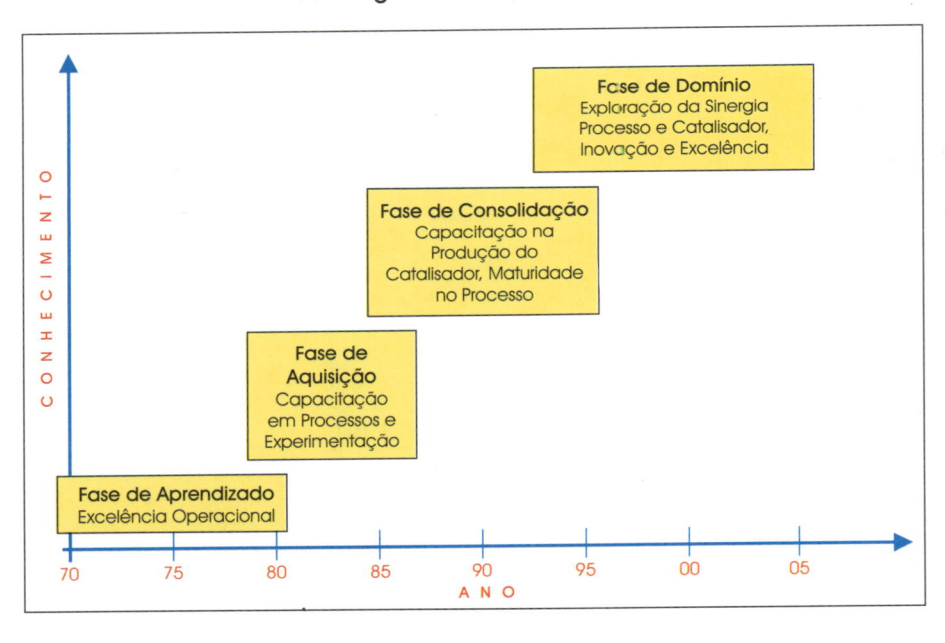

Figura 8: Evolução do Conhecimento sobre a Tecnologia de FCC na Petrobras

Fase de Aprendizado Operacional (*learning-by-using*)

A primeira etapa, a fase de aprendizado operacional, caracterizou-se pela compra da tecnologia de tradicionais licenciadores e sua implementação nas refinarias, via construção e montagem das unidades comerciais e a capacitação do corpo técnico da companhia para aposta em marcha e a operação das mesmas.

Nessa fase, que abrange o período de expansão do parque de refino, o foco foi dado à continuidade operacional e à acumulação de conhecimento, com o objetivo de atingir um elevado padrão de operação.

Como foram construídas várias unidades com tecnologias distintas e realizado um investimento expressivo na capacitação do pessoal, pode-se afirmar que a companhia conquistou um nível de excelência operacional, o que muito contribuiu para as etapas seguintes.

Concomitantemente, a empresa criou o seu Centro de P&D, que iniciou suas atividades com a implantação de alguns laboratórios nas instalações da UFRJ, inicialmente na Praia Vermelha, em 1963. Depois, foram inauguradas as instalações na Ilha do Fundão, em 1973, o atual Cenpes, que incluíam facilidades laboratoriais e plantas-piloto para apoiar os trabalhos na área de FCC.

A implantação do parque de refino e a experiência de construção, partida e operação de muitas unidades possibilitaram à empresa adquirir informação, tecnologia e *know-how* sobre alguns processos de refino e petroquímica, experiência que foi coroada com a criação da Superintendência de Engenharia Básica, em 1976, que sabiamente foi alocada no Cenpes, de modo a facilitar a concretização das atividades de P&D e a agilização de sua inserção no meio produtivo.

O engenheiro Ivo Ribeiro foi o idealizador, fundador e primeiro superintendente da Engenharia Básica na Petrobras. Foi quem implementou uma bem-sucedida política de negociação de transferências de tecnologia com diversos licenciadores, incluindo a do processo de FCC junto à Pullman Kellogg, passo decisivo para o domínio desta tecnologia pela companhia e para os saltos tecnológicos seguintes, que permitiram a ágil modernização de nossas unidades.

Fase de Aquisição (*learning-by-doing*)

Como um marco para o início dessa fase, pode-se escolher a data de assinatura do Acordo de Cooperação Técnica com a Pullman Kellogg, em 1977. Este acordo estabelecia as condições de colaboração em P&D e projetos conceituais em alguns processos de refino, priorizando a área de craqueamento catalítico. A Kellogg se comprometia em fornecer pessoal qualificado para efetuar a transferência de tecnologia à Petrobras e prestar assistência a um projeto básico de FCC, que seria executado conjuntamente, no Cenpes[37].

O início dessa segunda etapa ocorria simultaneamente ao término da fase de acumulação de conhecimento operacional. O que caracterizou uma mudança significativa e a entrada nesta nova era, no nível do Departamento Industrial, foi a necessidade de craquear cargas mais pesadas, o que obrigou a área operacional a aprender, experimentar, ousar e criar.

No início dos anos 80, a empresa começa a adicionar à carga da unidade, o gasóleo de vácuo, pequenas quantidades de algumas frações mais pesadas e refratárias ao craqueamento, como o resíduo de vácuo e o gasóleo de coque. O percentual dessas frações foi crescendo ao longo do tempo.

As ferramentas de captação de informação e conhecimento se expandem e se diversificam muito nessa fase, fazendo-se uso intenso de literatura técnica, convênios com projetistas, consultorias, assessoria técnica a projetos, assessoria de fabricantes de catalisadores, seminários internos e externos, intercâmbio internacional, apropriação sistemática da experiência operacional, pesquisa de processo e de catalisadores em laboratórios e plantas-piloto, além de experimentação em nível operacional de melhorias de processo e catalisadores[38].

Um aspecto determinante para o sucesso dessa etapa e suas subseqüentes são a atuação integrada das equipes de P&D, projeto básico, engenharia, operação e inspeção de equipamentos.

Eis que surge um fator totalmente exógeno, que leva a companhia a tomar uma decisão que altera o rumo dessa rota de aquisição de conhecimento. Na Guerra das Malvinas, ocorreu um embargo de suprimento de catalisadores de FCC à Argentina. Os fabricantes deste tipo de produto, intensos em conhecimento e tecnologia, se concentram nos países ricos, que estavam bem alinhados apoiando a Inglaterra e simplesmente se negaram a suprir o país vizinho. Isso realçou a essencialidade deste produto e, como o parque de refino da Petrobras tinha como unidade de conversão básica este processo, a companhia decidiu ampliar seu escopo de atuação, entrando na produção de catalisadores de craqueamento catalítico.

Fase de Consolidação

Essa fase começa com a criação da Fábrica Carioca de Catalisadores S.A. (FCC S.A.), em 1985. O então diretor do Refino, Armando Guedes Coelho, liderou este processo. A Petrobras consultou os fabricantes tradicionais de catalisadores para estabelecer uma parceria, e a escolha recaiu sobre aquele que se dispôs a transferir integralmente o conhecimento da tecnologia de catalisadores. Foram estabelecidos vários acordos com a Akzo Nobel, com o objetivo de implantar uma unidade de produção de catalisadores de FCC na zona industrial de Santa Cruz, Rio de Janeiro. Estes instrumentos compreendiam: um acordo entre a Petrobras, Akzo Nobel e Oxiteno, que estabelecia as bases societárias e criava a *joint-venture* FCC S.A.; um acordo de Cooperação em P&D, que contemplava uma etapa inicial de transferência de tecnologia na área de formulação, preparo, caracterização e avaliação de catalisadores; e um acordo que englobava o projeto básico e assistência técnica à pré-operação e partida da nova unidade produtiva.

Foi criada, então, a Divisão de Catalisadores do Cenpes, visando absorver um conhecimento abrangente sobre o catalisador de FCC, através de um programa de capacitação junto à Akzo

Nobel, que possibilitou o treinamento, na Holanda, de vários engenheiros da FCC S.A., de técnicos e pesquisadores do Cenpes e de alguns engenheiros do então Departamento Industrial.

Paralelamente, foi aprofundado o conhecimento na área de processo. A equipe de projetos da Engenharia Básica consolidou sua capacitação, tornando-se apta a projetar integralmente uma unidade de FCC. A Petrobras executou então projetos de modernização em todas as unidades do seu parque de refino. Outro fato importante foi a implantação da Unidade Multipropósito de FCC, nas instalações da Unidade de Negócio Six, em São Mateus do Sul, Paraná. Essa unidade tem escala protótipo e, portanto, uma capacidade maior que as unidades-piloto existentes no Cenpes, pois visa a estudar parâmetros de engenharia para gerar dados para os projetos básicos desta tecnologia.

Na operação, atingia-se uma fase de plena maturidade, desenvolvendo simuladores e otimizadores de processo aplicáveis à previsão de rendimentos, ao planejamento da produção, às modificações e ao controle avançado das unidades. A operação passa a conhecer melhor a interação processo-equipamento-catalisador, gerando melhores resultados comerciais[38]. Na Engenharia Básica, também se desenvolveram alguns simuladores com foco em projeto. Mais tarde, todos os simuladores foram reunidos numa ferramenta única, o SimCraq^{OT}, que passa por contínuo aperfeiçoamento, refletindo as condições que caracterizam o processamento das cargas pesadas nacionais.

Ao longo do tempo, a Petrobras aumentou a produção de petróleos domésticos, principalmente do tipo Cabiúnas, que requeriam algumas adaptações do nosso parque de refino para seu processamento de modo econômico. Paulatinamente, adicionavam-se cada vez mais frações residuais à carga das unidades de FCC. As novas descobertas apontavam para petróleos ainda mais pesados, tipo Marlim, que produziriam quantidades significativas de resíduo de vácuo, além de trazer outros problemas ao refino, como maior acidez naftênica, instabilidade de alguns derivados etc.

Capítulo 9: O Craqueamento Catalítico Fluido

Fase de Domínio – Criação do Proter

Havia necessidade de que o refino se preparasse melhor para efetuar o processamento majoritário de petróleos domésticos que tinham características distintas dos petróleos até então importados. O futuro processamento do petróleo de Marlim representava um desafio. Foi então realizada uma reunião com participantes de todos os órgãos ligados às atividades do refino, em que se decidiu pela criação do Programa de Tecnologias Estratégicas do Refino – Proter, cujo principal objetivo era viabilizar o processamento de petróleo nacional de modo competitivo, com ênfase na conversão de frações residuais. Este programa começou suas atividades em 1995, iniciando a fase de domínio da tecnologia de FCC.

O Proter abrangia também outras tecnologias do refino, como: Coqueamento Retardado, Hidroprocessamento de Frações Pesadas, Geração de Hidrogênio etc. Na área de FCC, ou melhor de RFCC, a meta era desenvolver um conversor Petrobras para o processamento de 100% de resíduo atmosférico (gasóleo + resíduo de vácuo) de petróleo pesado da bacia de Campos. Foi composta uma carteira de projetos de P&D que contemplava a adaptação da tecnologia convencional ao processamento de resíduos e melhorias de distintos componentes do conversor de FCC. Também eram requeridas melhorias na formulação dos catalisadores, de modo a se obter aumento de atividade e de seletividade para o processamento de cargas mais pesadas.

Essa fase foi coroada com uma série de inovações em diversos itens do conversor de FCC, que foram sendo introduzidos e testados separadamente nas unidades comerciais existentes, ao longo do tempo. Deve-se comentar que alguns desses desenvolvimentos haviam começado na fase anterior, mas praticamente vieram a se concretizar nessa etapa. As inovações que foram sendo consolidadas e adotadas como um novo padrão de projeto da empresa, quando aplicadas conjuntamente, resultaram em uma nova concepção de projeto para o processamento de frações residuais num FCC, gerando a tecnologia PAC^{RC} (*Petrobras Advanced Converter Residue Cracking*)[39].

Descrição e Desenvolvimento das Inovações

O PAC[RC] engloba as seguintes inovações tecnológicas[40]:

- a tecnologia patenteada de ciclones fechados, PASS (*Petrobras Advanced Separation System*), que possibilita a rápida separação dos efluentes de reação do catalisador gasto, no final do reator, evitando o sobrecraqueamento da gasolina e reações secundárias indesejáveis. Isto resulta em aumento do rendimento de gasolina em até 5% em peso – patentes US 5,665,949 e US 5,569,435;

- o injetor de carga patenteado Ultramist, que emprega vapor a velocidade extremamente elevada para produzir uma névoa fina de gotículas de óleo, facilitando um íntimo contato entre carga e o catalisador na base do reator. Isto resulta em aumento de rendimento de gasolina e GLP, trazendo ganhos de 15 centavos de dólar por barril processado. Esse novo dispositivo apresenta ainda como vantagem uma reduzida perda de carga – patente WO 01/44406;

- o projeto otimizado do *riser*, o reator de FCC, via estudos fluido-dinâmicos, que resultou em aumento de rendimento em produtos nobres, através da redução de pulsação e distribuição mais homogênea de catalisador;

- o simulador/otimizador proprietário Simcraq[OT], que engloba as distintas características e dispositivos do processo de FCC, que foram implementadas na empresa;

- o sistema catalítico para processamento de resíduos – patentes BR PI 9704925, PI 0100680 e WO 02/066163. Este consiste em uma nova formulação, que aplica três partículas de catalisador com distintas funções:

    ➢ catalisador fresco com uma arquitetura porosa especial, que permite maior acessibilidade das grandes moléculas aos sítios ativos e maximiza a função de trapa metálica. Desenhado especialmente para cargas pesadas, reduz o tempo de contato, evitando a degradação da gasolina e a produção de gás combustível – patente BR PI 9704925-5;

➤ catalisador fresco com uma relação zeólita/matriz elevada, com mesoporosidade otimizada, objetivando maximizar a produção de olefinas leves;

➤ catalisador gasto de *flushing* selecionado para controlar o efeito danoso no inventário circulante de catalisador do elevado teor de metais pesados, reduzindo a produção de coque e gás no processo.

- o uso de aditivo à base de ZSM-5, que normalmente é aplicado em unidades convencionais, visando o aumento da produção de GLP e olefinas leves para a petroquímica. Graças à tecnologia proprietária de fabricação e aplicação deste aditivo, foi obtido desempenho comercial assemelhado para o caso de processamento de resíduos, o que contradizia a prática vigente – patentes BR PI 8506248 e BR PI 8606367;

- o desenvolvimento de matrizes especiais para captura de metais pesados, que resultam em melhoria da atividade, redução da produção de gás combustível e coque e aumento do rendimento de produtos nobres – patente US 6,319,393;

- a nova tecnologia Amethyst, que resulta num aumento significativo de acessibilidade do catalisador, o que proporciona um aumento na conversão e a redução do rendimento de coque. Este catalisador foi recentemente testado no RFCC da Recap, possibilitando o aumento de 6% em volume de carga processada, que corresponde a um ganho adicional de US$ 28 milhões por ano para esta refinaria;

- a otimização de ciclones, para redução de emissão de material particulado pela chaminé da unidade e para evitar perda do inventário de catalisador, obtida através da tecnologia Saci implantada na Reman e Replan-I – patente CA-2,396,183. Foram realizadas melhorias tanto no lado do Vaso de Regeneração como do lado do Vaso Separador, o que reduz também o teor de cinzas no óleo decantado, possibilitando sua adequação como resíduo aromático que tem maior valor comercial;

- melhorias mecânicas e novos dispositivos, tais como a junta deslizante de sangria para o PASS que, associado a um exclusivo sistema de dutos coletores de gás, evita a deposição de coque no Vaso Separador, garantindo maior confiabilidade às unidades, proporcionando campanhas operacionais mais longas – patente PI-0204737 3.

A combinação dessas melhorias e inovações tornou possível o projeto de três novas unidades de RFCC, que processam resíduo atmosférico sem nenhum pré-tratamento, tais como:

- Recap, Refinaria de Capuava, São Paulo: capacidade de 3.000 m^3/d de resíduo atmosférico de petróleo Albacora, posta em marcha em dezembro de 1999.

- RLAM, Refinaria Landulpho Alves de Mataripe, Bahia: capacidade de 10.000 m^3/d, posta em marcha em abril de 2001, apresentada na Figura 8.

- Refap, Refinaria Alberto Pasqualine, Rio Grande do Sul: 7.000 m^3/d, em fase de construção, partida prevista para 2005.

Ambas as unidades em operação processam cargas residuais extremamente refratárias ao craqueamento, com um teor elevado de Resíduo de Carbono Conradson, atingindo até 8%. Apesar disso, apresentam elevados níveis de conversão e rendimento de gasolina.

Essas três unidades proporcionam um rendimento de US$ 330 milhões por ano, devido ao fato de processarem cargas de baixo valor econômico, sendo o tempo de retorno do investimento de aproximadamente dois anos.

Outras tecnologias foram recentemente desenvolvidas e deverão brevemente ser aplicadas comercialmente. Elas foram testadas nas instalações de P&D da empresa e apresentaram ganhos na redução de gás combustível e delta coque, maximizando a produção de gasolina e olefinas leves, tais como:

- o reator Downflow – em contraposição ao reator ascendente, o *riser*, as partículas de catalisador movem-se a favor da gravidade produzindo uma distribuição muito mais homogênea ao longo do reator, otimizando as condições reacionais. Esta tecnologia deverá ser implementada na Rlam – patente WO 02/100983;

- o ISOCAT – esta tecnologia estabelece novos paradigmas para o balanço térmico do conversor de FCC de resíduo ao tornar independentes suas principais variáveis e possibilitar a sua otimização. Além disso, aumenta a circulação do catalisador, sobrepujando restrições no balanço de energia da unidade. Adicionalmente, esta inovação favorece a vaporização da carga antes de entrar em contato com o catalisador quente proveniente do regenerador, reduzindo a deposição de coque na superfície do catalisador. No projeto do RFCC da Refap, foi incluída esta tecnologia – patente US 6,059,958;

- a segregação de carga – em refinarias que adicionam a sua carga o gasóleo de coque, corrente extremamente refratária ao craqueamento, ganhos significativos em aumento de conversão, até seis pontos percentuais, são obtidos se esta corrente for segregada – patentes BR PI 0205585 6, PI 0302326 5 e PI 0304728 8.

Além disso, há melhorias advindas de desenvolvimentos de terceiros, como o retificador de catalisador com recheio estruturado, que foi desenvolvido pela Koch-Glitsch e testado nas facilidades de pesquisa da Petrobras, o qual será aplicado no parque de refino nacional num futuro próximo, evidenciando uma política de disponibilizar sempre as melhores tecnologias para o meio produtivo.

Figura 9 – Unidade de RFCC da Rlam

Aspectos Habilitadores e Inibidores da Inovação

Foram entrevistados vários profissionais que tiveram participação expressiva na construção do conhecimento na área de craqueamento catalítico fluido e atuação relevante no desenvolvimento da tecnologia de RFCC. Entre eles:

- Fernando César Barbosa – ex-diretor da Fábrica Carioca de Catalisadores, atualmente é o presidente da Analytical Solutions.
- Marcos Godinho Tavares – gerente de Tecnologia e Serviços Técnicos da FCC SA.
- Oscar Chamberlain Pravia – gerente de Tecnologia de FCC do Cenpes.
- José Geraldo Furtado Ramos – consultor sênior e líder do Grupo de Engenharia Básica do Cenpes.
- José Antônio Moreno Castillero – engenheiro de Processamento Pleno e coordenador da Comunidade de Craqueamento.

Muitas outras pessoas participaram e contribuíram decisivamente para este processo, mas para ser abrangente se despenderia um tempo excessivo, e procurou-se então pessoas bem representativas de todas as áreas envolvidas e em diferentes posições hierárquicas. O período compreendido neste levantamento vai desde meados da fase operacional, no início dos anos 70, até o evento da partida da Unidade de RFCC da Rlam, em 2001.

Fator Humano

Capacitação e treinamento/formação de massa crítica

Os diferentes grupos passaram por fases distintas de capacitação e formação de massa crítica:

Operação

A equipe de Operação, que inclui o pessoal da sede administrativa e refinarias, passou por esforço de capacitação via Cursos Funcionais e Cursos Modulares de FCC. Estes eram ministrados, naquela época, pelo Centro de Treinamento do RJ (CEN-RIO). Eram organizados também os Encontros Técnicos da Comunidade de

FCC, nos quais havia uma intensa troca de experiências e informações operacionais, o que facilitou muito o desenvolvimento da equipe. Houve um intenso intercâmbio com os projetistas, devido ao licenciamento de tecnologia e à implantação das unidades. Foram realizados seminários internos com os fabricantes de catalisador e projetistas, além de uma série de visitas técnicas ao exterior, para ver o que as empresas estavam praticando, desenvolvendo ou lançando no mercado. Consultores também eram convidados para ministrar cursos e proferir palestras, e os técnicos participavam de congressos e seminários internacionais, com o intuito de realizar o monitoramento tecnológico da área.

Engenharia Básica

Essa equipe utilizou, basicamente, duas práticas para a sua capacitação: o desempacotamento de tecnologia e a transferência de tecnologia. A equipe, que começou a se formar em meados da década de 70, passou por alguns programas de transferência de tecnologia, em que foram adquiridas metodologias de projeto de processo e equipamentos, bem como técnicas de gestão desses projetos.

Na área de FCC, a transferência de tecnologia com a Kellogg foi essencial para a criação da capacidade de execução de projetos. Algumas consultorias também foram de grande valia, como, por exemplo, o Curso de Fluidização, ministrado pelo consultor Frederick Zens.

Outro fato importante foi a adoção de uma política de integração e busca de sinergia dessa equipe com a de Operação, através dos projetos. Havia sempre a participação de engenheiros da refinaria na sua execução. A Engenharia Básica também participava ativamente das atividades de monitoramento tecnológico. O aprender fazendo também foi muito praticado. Um exemplo interessante que demonstra o grau de amadurecimento da equipe é o caso da tecnologia de ciclones. No passado, era comum a ocorrência de problemas de erosão nos ciclones, sendo a parte erodida substituída, sem se atuar na causa do problema. A equipe de Engenharia conduziu o processo de aquisição de dois conjuntos de ciclones, de 1983 a 1985, para diferentes unidades. Através do questionamento aos licenciadores e graças ao embasamento técnico existente, adquiriu-se o conhecimento que permitiu a execução do projeto desse tipo de equipamento. Desde então, nunca mais se comprou projetos de ciclones. Hoje, há em carteira uma centena de projetos executados, nos quais foram introduzidas inovações, gerando-se tecnologia proprietária.

P&D

A equipe de pesquisa que atuava no processo de FCC foi sendo constituída ao longo do tempo, capacitando-se através dos próprios projetos. Quando a empresa decidiu entrar na produção do catalisador de FCC, foi então criada a Divisão de Catalisadores, para absorver tecnologia de desenvolvimento de catalisadores da Akzo Nobel.

A formação da equipe dessa divisão foi cuidadosamente elaborada, pois juntou pessoas da empresa com *background* em catálise, contratou doutores e mestres no meio universitário e foram selecionados novos engenheiros com excelente potencial. Isto, aliado ao extenso Programa de Capacitação e Transferência de Tecnologia junto à Akzo Nobel, ajudou a moldar um ambiente propício à geração de inovações, fruto da sinergia de diferentes *backgrounds* e cultura. Alguns engenheiros da equipe de processo do Cenpes e da Operação também participaram desse Programa a fim de absorver tecnologia e entender melhor a interface catalisador-processo-produto. Terminada a fase de transferência de tecnologia, foi mantida uma intensa cooperação em P&D entre as duas companhias, havendo troca de informações e desenvolvimento de projetos conjuntos entre o Cenpes e os dois Centros de Pesquisas de Akzo, Amsterdam Norte e Pasadena, Texas.

O tempo mostrou que foi cometida uma falha na capacitação da equipe, pois o pessoal novo não foi incentivado a fazer o seu mestrado e doutorado, após a conclusão do programa junto à Akzo. A pós-graduação traz conhecimento, mas sobretudo aumenta a rede de relacionamentos, o que é muito importante para estabelecer redes futuras de colaboração.

FCC SA

A equipe de desenvolvimento de produto, serviço técnico e produção de catalisadores também teve um longo treinamento junto à Akzo Nobel, na Holanda. Havia um contrato de Engenharia Básica e Assistência Técnica à produção de catalisadores, que incluía diversas atividades de treinamento. Essa equipe foi muito bem capacitada, de modo que a partida da unidade comercial de produção de catalisadores ocorreu sem nenhum transtorno. O contato com a Akzo e a existência da *joint-venture* FCC SA propiciaram a quebra de um certo isolamento que existia na área de refino. Anteriormente, era difícil o corpo técnico ter um nível freqüente de exposição internacional, participando dos diversos fóruns e eventos existentes no exterior. Isso facilitou muito o monitoramento tecnológico, a captura e geração de idéias. A FCC SA também promove fóruns de troca de experiência entre os técnicos da empresa, como o Seminário Petrobras, e entre os refinadores da região, via Encontro Sul-Americano de Craqueamento Catalítico.

Em geral, os recursos humanos necessários e a capacitação requerida estiveram disponíveis, exceto pela dificuldade de renovação do pessoal na década de 90, fato atualmente já superado.

Compromisso

A Comunidade de Craqueamento sempre teve um amor ao processo muito grande e forte espírito de equipe. Era tida ou se sentia como uma elite do refino, orgulhosa por pertencer ao grupo. Havia um grande entusiasmo, pois a equipe sempre estava trabalhando em modificações e novos desenvolvimentos. O grupo achava o seu trabalho desafiador e com grandes possibilidades para criar e inovar. Havia também compromisso com a independência tecnológica, uma cultura de valorização do conhecimento e da tecnologia. A equipe tinha um alto grau de visibilidade e existia um sistema de conseqüências, que ajudava a reforçar o comprometimento com os objetivos da organização.

Característica pessoal: iniciativa, curiosidade e paixão

Essas características não eram gerenciadas, embora estivessem presentes, pois o ambiente atraía as pessoas com vocação para a inovação, com uma curiosidade inata. Houve um manancial de habilidades e aspectos pessoais positivos que viabilizaram o sucesso na área de FCC. Era exigido mais que o simples conhecimento e capacitação do indivíduo. O ambiente como um todo era desafiador e estimulava ao empreendedorismo.

Há um outro aspecto: a curiosidade é freqüentemente aguçada. O pessoal diz que qualquer pergunta que se faça sobre FCC a resposta é sempre "depende!". Há uma gama de possibilidades, pois não existe a verdade absoluta. Isso dá margem à exploração de idéias que a princípio pareçam absurdas. Há muito espaço para discussão. A dúvida é natural! O que é verdade, considerando quatro fatores talvez não o seja quando entra uma quinta variável na análise. Nesse ambiente, é muito importante ser questionador e inconformado.

Recursos e Infra-estrutura

Recursos físicos (Laboratórios, equipamentos e tecnologia de informação)

De modo geral, não faltaram os recursos requeridos em quantidade e qualidade. Nas refinarias, as pequenas modificações e modernizações eram realizadas sem problemas, mas o acompanhamento algumas vezes foi um tanto deficiente, havendo dificuldade de análises para geração de dados operacionais.

No Cenpes, nos anos 70 e início dos 80, havia uma carência de infra-estrutura e plantas-piloto. Entretanto, foi feito um grande investimento em laboratórios e instalações de pesquisa na época da criação da Divisão de Catalisadores, além de investimentos no parque de plantas-piloto. Paralelamente, foi criado um parque de plantas protótipo, instalado na Unidade de Negócio do Xisto, que é único em nível mundial.

Alianças, parcerias e recursos de terceiros

A parceria com a Akzo/FCC SA foi fundamental e permanece ativa e frutífera até hoje. Houve também uma parceria para desenvolvimento de dispersores de carga com a Azvotec, uma firma nacional, mas foi temporária e não resultou em nenhum produto significativo. O Cenpes, recentemente, filiou-se ao Particulate Solid Research Institute de Chicago, participando de um projeto multicliente na área de fluidização. Foram pouco utilizados recursos de terceiros na execução dos projetos.

Consultoria e convênios

A consultoria da Kellogg foi essencial para a Engenharia Básica. Esporadicamente, eram trazidos consultores que ajudaram na capacitação do pessoal da Operação e Engenharia. Houve também uma consultoria da ELF, para a capacitação em amostragem de *riser* e interpretação dos dados desta amostragem e de gamagrafia. Foi feito um convênio com a Unicamp, na área de fluido – dinâmica computacional aplicada a ciclones e *risers*. Alguns projetos com a UFPR e UFPE, objetivando a simulação de *risers*. A área de catalisadores ficou fechada aos convênios externos, pois existia a parceria com a Akzo Nobel, que envolvia aspectos de sigilo. No entanto, foram realizados vários trabalhos conjuntos com as universidades, focados principalmente em estudos fundamentais.

Processos de Gestão

Ligação com a estratégia

No passado, não havia o Planejamento Estratégico explicitando as macrodiretrizes, mas os objetivos do negócio e os desafios estavam claramente colocados pelos líderes do processo, como, por exemplo, a busca por maior conversão, objetivando eliminar óleo combustível; processar competitivamente o petróleo nacional etc.

Posteriormente, foram estruturados os fóruns, que passaram a ditar as estratégias de negócio, de modo que hoje a função tecnologia está inserida na estratégia da empresa, sendo um dos seus pilares de sustentação.

Liderança

Na fase de aquisição e consolidação, houve a marcante liderança do diretor Armando Guedes, que teve papel proeminente na decisão estratégica de criar capacitação e buscar a excelência nesta área do conhecimento, bem como de investir na FCC SA. Os engenheiros José Fantini e Roberto Villa, que exerceram diversas funções gerenciais na empresa, ambos ascendendo ao posto de diretor, atuaram firmemente em busca da nossa autonomia tecnológica. Destacou-se também o gerente Fernando César Barbosa como liderança integradora e motivadora, infundindo um forte espírito de equipe, auxiliando a atuação conjunta da Operação/P&D/Engenharia/FCC SA.

Um aspecto importante é que havia grande envolvimento e sintonia em toda a linha gerencial, cada um desempenhando sua função, de modo a construir uma trajetória de sucesso para o refino, o que contagiava toda a equipe. A fase de domínio já se caracterizou por existir um processo sistematizado de geração e gerenciamento dos novos desenvolvimentos bem estruturado, que não dependia tanto das pessoas, e a liderança se encontrou mais diluída.

Governança

A visão dos papéis a serem desempenhados dentro da companhia foi muito importante, principalmente nas etapas iniciais. Quem definia a tecnologia a ser aplicada era o Departamento Industrial, pois o negócio era gerido lá. O Cenpes era o depositário do conhecimento tecnológico e o grande especialista e apoiador na tomada de decisão.

Na fase de consolidação, foram criados diversos fóruns de gestão compartilhada com a Akzo Nobel, essenciais para o andamento dos projetos, pois era um momento de intensa troca de informações e experiências, além de servir à prestação de contas, com exposição dos gerentes e técnicos, o que estimulava a busca dos resultados. Em nível nacional, foi constituído o Grupo de Desenvolvimento e Produção de Catalisadores (GDPC), que priorizava, norteava e integrava as atividades de P&D, produção e aplicação de catalisadores.

Na fase de domínio, o CTE e o CTO, com os clientes presentes priorizando os projetos, foram importantes e contribuíram para o foco e a agilização da aplicação dos novos desenvolvimentos. A gestão por meio de fóruns é produtiva, pois evita o sectarismo. A criação do Proter ajudou a estruturar as idéias da equipe técnica, planejar e articular a participação das distintas áreas nos projetos.

Ferramentas de gestão

O GPROJ, o software de gerenciamento de projetos utilizado, não trouxe grandes contribuições aos novos desenvolvimentos. No corpo técnico, há até um sentimento de que todo instrumento burocrático e o controle excessivo prejudicam as inovações. Os controles são bons para melhorar a produtividade, mas sua contribuição para a inovação é discutível.

Entretanto, há opiniões distintas, que citam como contributiva para os desenvolvimentos a metodologia estabelecida de acompanhamento dos projetos, feita pela alta gerência de P&D, durante a fase de consolidação. Foram instituídas reuniões de abertura, acompanhamento e fechamento de projetos, em que eram acompanhados a apropriação de mão-de-obra, os recursos despendidos e os eventos importantes de cada projeto.

Gestão do conhecimento

Havia várias iniciativas, desde o início do processo, com este intuito; por exemplo, a Engenharia Básica consolidou conhecimento, vindo da área operacional e gerado internamente, sobre o processo de FCC, através de livros de projeto e normas de engenharia. A Memória Técnica Central do Cenpes era um grande repositório com toda a documentação das atividades de P&D, em que por via eletrônica facilmente se recupera os relatórios antigos. Há, até hoje, um veículo oficial, o Boletim Técnico da Petrobras.

Os Encontros da Comunidade de Craqueamento, que se realizam até hoje, objetivam disseminar o conhecimento, trocar experiências, principalmente as lições aprendidas. Os Cursos Funcionais também eram um fórum de troca de experiências. Na área de P&D, as freqüentes Reuniões de Coordenação de FCC e o GDPC divulgavam as informações, e os testes comerciais eram discutidos nesses fóruns. Outros eventos, como os Seminários da FCC SA, tanto o Internacional como o da Petrobras, têm o objetivo de trocar experiências e conhecimentos. A Rede da Comunidade de Craqueamento é um ponto forte, mas falta a consolidação das informações que são geradas neste ambiente e ferramentas de recuperação dessas informações, embora exista um banco de soluções.

Cidadania Organizacional

Salário

Os salários não eram diferenciados para os técnicos que atuavam na área de FCC. Entretanto, eles tinham mais oportunidade de ascensão na empresa, de chegar a um cargo de chefia. A carreira era mais acelerada para um técnico de FCC na área Operacional. Hoje, não existe mais essa diferença. É bom lembrar que isto na época pesava, pois não havia outras opções de emprego, além da Petrobras, para um profissional do refino.

Reconhecimento e recompensa

Era dada maior importância à área, o que pode ser constatado pelo fato de haver facilidade de organizar os Encontros Técnicos, mesmo em épocas difíceis. Geralmente, havia maior visibilidade para os profissionais da área, por exemplo, proporcionalmente há mais Consultores Técnicos no grupo de FCC, o que mostra uma tendência ao seu maior reconhecimento. No Cenpes e na Sede, devido à FCC SA e aos fóruns com a Akzo Nobel, tinha-se maior oportunidade de realização de viagens e chances de participação em congressos e seminários internacionais.

Confiança

Em geral, o ambiente sempre inspirou confiança. Ocorreram alguns problemas, mas foram localizados e específicos. Como a equipe tem nível intelectual elevado, o sistema se autocorrige na busca da superação dos problemas. Havia também um sentimento de que a ameaça vinha de fora, pois era avidamente buscada a autonomia tecnológica, o que catalisava os esforços da equipe. Existia envolvimento grande ao longo de toda a cadeia gerencial, gerando um alinhamento e uma sintonia da gestão que contribuíram para o aumento de confiança.

Na relação com a Akzo Nobel, tivemos um problema pontual, mas que foi superado através da atuação de um grupo de trabalho, denominado "Cancoop". Posteriormente, foi obtido até um patamar superior de sistemática de trabalho, reuniões e troca de informações, reforçando os projetos conjuntos e melhorando a interação entre as partes.

Valores e Cultura

Estímulo ao risco

Sempre esteve presente na cultura do grupo, já que assumiam-se riscos calculados e às vezes até mesmo imponderáveis. Os casos de erros eram bem gerenciados, através de uma postura construtiva, buscando entender o porquê de dar errado e incentivando a busca da solução do problema surgido, preservando-se a tecnologia gerada internamente. Se não fosse isso, o sistema PASS, após as dificuldades na Reduc, não teria se consolidado. O caso do Saci também, em que no início da operação na Reman por duas vezes ocorreram falhas, só sendo superado o problema na terceira tentativa. Posteriormente, esta tecnologia foi aplicada com sucesso numa unidade de grande porte. A tecnologia de *riser* de nafta foi outro exemplo, um projeto totalmente pioneiro, fortemente apoiado pela gerência da Sede. Outro fato que corrobora isso é que a parceira Akzo Nobel reconhece a liderança brasileira em certos desenvolvimentos para implementar novas tecnologias, principalmente reduzindo o *time-to-market*.

Desafio e Incerteza

Os desafios sempre estiveram bem definidos. No primeiro momento, era a eliminação do óleo combustível. Hoje, busca-se combustíveis limpos, fazer diesel e petroquímicos e a redução de emissões nos FCC. Os desafios são estimulantes, e as incertezas inerentes ao processo são gerenciadas através de planos de contingência. Além disso, os riscos são avaliados, no sentido de minimizá-los. As decisões são discutidas e o processo normalmente é enriquecido pela área técnica.

Estímulo à participação

Até o início dos anos 80, o sistema era bem hierárquico. A volta à democracia reforçou a dialética. Apesar disso, sempre existiu um espaço para proatividade e proposição de idéias. As idéias sempre foram analisadas de forma positiva, explorando a sua viabilidade. A participação nas discussões é estimulada, sendo uma das forças da Comunidade de Craqueamento. A estrutura incita ao trabalho de equipe e a participação é uma conseqüência. As pessoas são chamadas a contribuir.

Espírito de equipe

Geralmente, todos os trabalhos importantes são fruto de uma equipe formada com integrantes de todas as áreas. Isso é bom, pois diferentes visões são direcionadas para um mesmo objetivo e esforço. Cada um deve fazer aquilo que sabe fazer melhor. O reconhecimento e respeito aos pontos fortes e fracos de cada um são importantes, e sempre houve uma espécie de quem-é-quem nessa comunidade. A Liderança Situacional é exercida e existe um bom espírito de corpo. Um fato importante para a geração de inovações é que o ambiente seja bem-humorado e descontraído.

No Cenpes, a existência de alguns feudos atrapalhou, principalmente no início da etapa de consolidação; entretanto, com a evolução e maturidade da equipe, isso melhorou significativamente. A mudança estrutural ocorrida, quando as áreas de catalisador, processo e engenharia estiveram sob a mesma gerência, ajudou a quebrar as barreiras existentes.

Aprendizagem contínua

Embora no passado não houvesse o conceito disseminado como hoje, o ciclo do PDCA dos programas de qualidade era trabalhado. As pequenas melhorias operacionais eram executadas pelas refinarias, e a cada projeto se agregavam novos conhecimentos. Havia uma busca de melhoria contínua, pois a tecnologia de FCC teve uma curva de evolução significativa. O *on-job-training* e a disseminação das informações facilitaram esta cultura.

Em nível pessoal, existe a postura de aprender, de estar continuamente se aprimorando, e gerencialmente o autodesenvolvimento é estimulado. Hoje, há um clima favorável ao aprofundamento do conhecimento, com ênfase na pós-graduação.

Há alguns pontos para a melhoria, como a participação em congressos, que não deve ser encarada como uma atividade de treinamento no exterior. A presença em fóruns internacionais tradicionais, tais como o do National Petroleum Refining Association, o European Refining Technology Conference e o Hart World Fuels Conference, deve ser vista como atividade normal de uma determinada função.

Flexibilidade, reação às mudanças

Para esse fator, há discrepâncias entre os distintos grupos; por exemplo, na área operacional é requerido um grande jogo de cintura para atender às diversas demandas, o que exige que os técnicos sejam bastante flexíveis, e eles se percebem assim.

Já a equipe do Cenpes, Engenharia Básica e Pesquisa, é vista como menos flexível, mais crítica e reativa às mudanças. Num primeiro momento, a mudança é percebida como ameaça, mas superada essa fase passa a ser percebida como uma oportunidade. Pode-se afirmar que há até um anseio por mudanças. Para atuar em cenários complexos, uma boa dose de flexibilidade é requerida, pois a solução de hoje certamente não servirá amanhã. A área de FCC está agora sob ameaça, devido à perda de importância num cenário de sobra de gasolina e maior exigência de qualidade dos combustíveis. Entretanto, está explorando a possibilidade de adaptação do FCC a outros objetivos de produção, como olefinas leves e médios. As ameaças são oportunidades! A equipe tem essa visão.

Desapego às idéias

Quando é executado um teste no campo, há uma cultura e uma prática preestabelecidas nas refinarias que são difíceis de mudar. No Cenpes, também as pessoas, que normalmente são vaidosas, gostam de suas idéias, suas práticas e seus projetos. Há persistência e defesa forte de suas opiniões, o que demonstra um certo apego.

Por outro lado, também é bom ter convicção. Não é muito fácil fechar um projeto ou mudar significativamente o rumo de um projeto. O recurso tende a ser encarado como infinitamente elástico, sendo a cultura receptiva à abertura de novos projetos e resistente ao seu fechamento. Uma pessoa só abandona um desafio por outro mais interessante. Não é fácil encerrar um projeto. Só quando a vida do pesquisador passa a ser nutrida por outro objetivo, ele deixa o trabalho precedente. O vácuo tem que ser preenchido!

A Fábrica Carioca de Catalisadores SA (FCC SA)

Inicialmente uma joint-venture entre a Petrobras, Akzo Nobel e Oxiteno, fundada em 1985, tendo como missão "fornecer catalisadores, produtos afins e soluções para a indústria do refino de petróleo". A participação acionária da Oxiteno foi posteriormente vendida para os outros dois sócios, passando cada um a dispor de 50% das ações.

A FCC SA está localizada na zona industrial de Santa Cruz, no Rio de Janeiro, tendo uma capacidade produtiva atual de 33 mil t/a de catalisador de FCC. O início da produção ocorreu em março de 1990 e desde então tem suprido o mercado interno de catalisadores, fornecendo-o para as refinarias da Petrobras e para a refinaria da Ipiranga. Pouco a pouco, firmou-se como líder do mercado de craqueamento catalítico na América do Sul, tendo hoje como principais clientes no mercado externo: Ancap (Uruguai); Ecopetrol (Colômbia); Nico López (Cuba); Esso e EG3 (Argentina).

A excelência de seus processos é comprovada pelas certificações internacionais como a ISO 9001, ISO 14 000 e OHSAS 18 001. Dispõe de um sistema de desenvolvimento de produtos focados nas necessidades de seus clientes – Sistema Tecnológico Global, que envolve o Cenpes e Akzo Nobel. A Petrobras contribui com informações acuradas sobre a aplicação dos novos catalisadores e com a solução de problemas operacionais do refino, enquanto que a Akzo Nobel aporta sua experiência como supridora de catalisadores de refino mundial há mais de meio século e com presença em 80 países. Possui uma diversificada linha de catalisadores para distintas aplicações e uma linha de aditivos especiais: para alta octanagem da gasolina e maximização de olefinas leves (à base de ZSM-5); e para produção de combustíveis mais limpos, reduzindo o teor de enxofre na gasolina (linha RESOLVE). Inserida num mercado muito dinâmico, tem lançado em média um novo produto a cada 17 dias.

Capítulo 10
Análise do Ambiente de Inovação

Collins e Porras[41] afirmam que as empresas feitas para durar são visionárias e buscam o envolvimento dos seus empregados com vistas à obtenção de melhores resultados. Gundling[42], da 3M, diz que é através da inovação constante que a empresa cria valor a longo prazo. Portanto, um ambiente propício à inovação é fator primordial para o sucesso sustentável de uma empresa.

Os dois bem-sucedidos casos de desenvolvimento de tecnologia apresentados são então comparados quanto aos fatores facilitadores e inibidores, presentes no ambiente da organização. Os parâmetros de análise foram selecionados devido a sua citação na literatura especializada, como já mencionamos.

Embora existam muitas diferenças entre esses dois desenvolvimentos, tais como o seu ambiente-tarefa, o porte do projeto, o período de execução, a rota de desenvolvimento e o nível dos resultados, o que se pretende é analisar os aspectos que influenciaram a geração dessas inovações, como os processos de gestão, disponibilidade de recursos e outros relativos ao clima organizacional.

Por outro lado, ambos os programas se desenvolveram dentro da Petrobras e isso também define um contexto de igualdade para uma série de outros aspectos, como a visão de longo prazo, políticas de RH, preexistência de uma estrutura de P&D etc.

Quanto à concordância em relação aos aspectos facilitadores e inibidores, para os dois casos em estudo, o panorama geral se apresenta da seguinte forma:

Muita Concordância

- Compromisso.
- Característica pessoal: iniciativa, curiosidade e paixão.
- Recursos físicos.
- Ligação com a estratégia.
- Ferramentas de gestão.
- Salários.
- Reconhecimento e recompensa.
- Confiança.
- Estímulo ao risco.
- Desafio e incerteza.
- Estímulo à participação.
- Espírito de equipe.
- Aprendizagem contínua.
- Desapego às idéias.

Parcialmente Concordante

- Capacitação e treinamento.
- Criação de massa crítica.
- Consultorias e convênios.
- Liderança.
- Governança.
- Gestão do conhecimento.
- Flexibilidade e reação às mudanças.

Discrepante

- Alianças, parcerias e recursos de terceiros.

Detalharemos, a seguir, a análise para cada fator influente na geração de inovações.

Fator Humano

A capacitação do corpo técnico é tida como o elemento mais importante para a geração de inovações por vários autores e estudiosos da área. Quem gera as inovações é o homem, e o conhecimento e a experiência são essenciais para que os *insights* criativos aconteçam. Em ambos os casos em estudo, realizou-se investimento em capacitação e treinamento do pessoal quando necessário. Entretanto, de modo distinto, pois o Procap não criou um programa especial para a capacitação do pessoal, embora a área de Exploração & Produção, num período anterior, tenha praticado a modalidade de pós-graduação para especializar o seu corpo técnico. Já na área de FCC, em alguns momentos, foi realizado um esforço concentrado de capacitação, via transferências de tecnologia na Engenharia Básica e na época da formação da Dicat e FCC SA e um programa junto à Akzo Nobel. Em contrapartida, na área do Abastecimento, não houve o movimento de estimular a pós-graduação da sua equipe.

A captação e formação de massa crítica para as equipes que atuaram nesses desenvolvimentos também diferem em alguns aspectos. No caso do Procap, um contingente interno foi arregimentado para trabalhar de modo matricial nos projetos, além da utilização de recursos de terceiros. Estimulou-se a formação e a capacitação de grupos externos à empresa, principalmente nas universidades brasileiras, para prestar serviços ao programa. No FCC, praticamente se usou o contingente técnico da empresa para trabalhar nos projetos e, quando da criação da Divisão de Catalisadores e da FCC SA, foram admitidos e treinados novos empregados. Os desenvolvimentos tecnológicos foram todos internos.

O importante é que, em ambos os casos, os recursos humanos com a requerida capacitação estiveram ou foram preparados de modo a estarem disponíveis para a execução dos projetos. Além disso, os desafios tecnológicos incitavam a equipe a se capacitar continuamente, e os técnicos vislumbravam a possibilidade do seu desenvolvimento profissional. Isso reforçou o compromisso com os objetivos da organização e atraiu as pessoas com vocação para a inovação, em que é necessário estarem presentes e potencializadas características pessoais, como iniciativa, curiosidade e paixão. Realmente, algo a mais que um alto nível de capacitação é requerido para que produtos inovadores aconteçam.

Recursos e Infra-estrutura

Em ambos os desenvolvimentos, os recursos físicos foram suficientes em quantidade e qualidade, pois os projetos tinham alta prioridade e havia facilidade na sua alocação. O importante é que o investimento realizado foi feito de modo contínuo, ao longo do tempo, e em quantidade suficiente para criar a infra-estrutura e massa crítica necessárias à boa execução dos projetos.

No item "alianças, parcerias e recursos de terceiros" foi que os dois casos mais se distanciaram. As modalidades de agregação de recursos de terceiros foram muito aplicadas no Procap, tendo sido feitas várias alianças com supridores de equipamentos e insumos, diversos projetos multiclientes e intensa contratação de suporte externo em universidades. Ocorreu grande participação da comunidade tecnológica nacional e internacional e recursos do CTPetro da Finep/ANP foram amplamente aplicados. Além disso, estabeleceram-se acordos de cooperação com outras empresas de petróleo, como a Shell, BP, Statoil e ChevronTexaco. Neste caso, pode-se afirmar que o conceito de empresa expandida foi plenamente aplicado.

No caso da tecnologia do FCC, fez-se uma única aliança estratégica com a Akzo Nobel e, só recentemente começamos a participar de um projeto multicliente do Particulate Solid Research Institute, o que demonstra baixa utilização de recursos de terceiros. Isso certamente influenciou o tempo de lançamento dos produtos, que foi menor para o Procap.

Quanto às consultorias e convênios, foram realizados em ambos os casos. No Procap, utilizaram-se poucas consultorias e, preferencialmente, estabeleceram-se convênios com universidades brasileiras e estrangeiras. Na tecnologia de FCC, as consultorias tiveram importância maior.

Um fato interessante é que ambos os grupos tiveram elevado nível de exposição internacional ao longo da execução de seus projetos. Isso é apontado por alguns autores como um aspecto importante para a geração de inovações, pois a convivência multicultural possibilita o contato com novas idéias e abordagens, tornando o profissional mais aberto e crítico. As diferenças devem ser celebradas! Ademais, esse contato dos técnicos com o exterior amplia a sua rede de conhecimentos e de cooperação, sendo essencial para o aumento do seu Capital Social[43].

Processos de Gestão

A ligação com a estratégia é essencial para que as inovações e os novos desenvolvimentos tecnológicos venham a alavancar os negócios da empresa. Embora na época em que se iniciaram essas atividades não existisse de modo bem estruturado o Planejamento Estratégico da Petrobras, os objetivos do negócio e os desafios empresariais estavam claramente colocados, o que deu um foco preciso a ambos os programas tecnológicos. Atualmente, a tecnologia e a inovação estão inseridas na estratégia da empresa, sendo um dos pilares de sua sustentação. Isto é essencial para a sobrevivência da companhia num mercado globalizado.

Quanto à liderança e à governança, houve uma certa diferença entre os dois desenvolvimentos em estudo. No caso do Procap, ocorreu uma liderança forte e ativa de seu coordenador, que esteve presente praticamente todo o tempo, articulando-se interna e externamente e se relacionando muito bem com os tomadores de decisão da empresa. O Procap, como programa tecnológico pioneiro, propiciou o surgimento de um novo sistema de gerenciamento para um conjunto de projetos prioritários, através de uma estrutura matricial. A governança foi estabelecida via fóruns, em que se discutiam os desafios tecnológicos e os clientes acompanhavam e priorizavam a carteira de projetos, sendo o embrião do atual Sistema Tecnológico da Petrobras.

No caso FCC, ocorreu um período quando o então diretor de Abastecimento exerceu papel proeminente para a criação de massa crítica, capacitação e busca de autonomia tecnológica nesta área do conhecimento. Posteriormente, a liderança ficou mais diluída, sendo o processo gerido por fóruns, de acordo com o Sistema Tecnológico Petrobras, que estabeleceu um processo sistematizado de geração e gerenciamento dos novos desenvolvimentos. A governança através de fóruns foi semelhante quanto à gestão dos projetos de processo, mas ocorreu de modo um tanto distinto com respeito a catalisadores, devido à aliança com a Akzo Nobel. Nesta área, foram criados diversos fóruns de gestão compartilhada, em que a *joint-venture* FCC SA também tinha assento.

A gestão de projetos de P&D por meio de fóruns com representantes de todos os segmentos envolvidos e a participação ativa dos clientes são muito produtivas, porque facilitam o compartilhamento da visão, a motivação, a homogeneização das informações, além de contribuir para o foco e a agilização da aplicação dos novos desenvolvimentos, reduzindo o *time-to-market*. Entretanto, cuidados devem ser tomados, pois, como Christensen[44] nos demonstrou, a inovação com base apenas nas necessidades do mercado tende a ser reativa e incremental, descuidando-se das novas oportunidades.

Quanto às ferramentas de gestão, em ambos os casos foi aplicado o *software* de gerenciamento de projetos, o GPROJ. O sentimento no corpo técnico é que este não contribuiu positivamente para inovações; pelo contrário, como todo instrumento burocrático ou tentativa de controle, chegou até a atrapalhar. Os controles são muito apropriados para melhorar a produtividade de atividades bem estruturadas e rotineiras, mas sua eficiência quando aplicada às atividades de P&D é duvidosa.

O processo de inovação não é estável nem previsível, requerendo um outro aparato gerencial. O gerente de inovação necessita de arte e sensibilidade. É mais um treinador, que conhece bem o seu time e sabe o que pode extrair de cada integrante da sua equipe. Ser um provocador de idéias, um instigador ao sonho, é a chave de sucesso. A propósito, isso não significa ausência total de controle, já que no processo de inovação há uma fase divergente e uma fase posterior em que a racionalidade e o foco são essenciais para que se chegue ao mercado. Uma boa estratégia tecnológica e o bom planejamento do projeto em sua etapa convergente são requeridos.

Quanto à gestão do conhecimento, na época havia poucos instrumentos sistematizados e formais. As comunidades tecnológicas circulavam as informações através de seus fóruns técnicos e comitês tecnológicos, de forma não muito organizada, embora houvesse veículos de disseminação, como os relatórios técnicos, os relatórios de viagens, os artigos técnicos e as atas de reunião. Recentemente, foram instaladas as Redes de Inteligência Tecnológica, com vistas a estimular a disseminação e registro das informações e agregar valor, transformando-as em conhecimento. Entretanto, a maioria dessas redes ainda não atingiu o pleno funcionamento.

Em ambas as áreas, existiam fóruns nos quais se trocavam experiências e se disseminavam as lições aprendidas e melhores práticas, tais como: as Reuniões de Avaliação de uma instalação offshore; as Reuniões dos Grupos de Revisão de um projeto de exploração e produção; os Encontros da Comunidade de Craqueamento; e os Seminários da FCC SA. O Procap também foi pioneiro na prática do Mapeamento de Competências, internas e externas, o que depois passou a ser amplamente praticado no Cenpes. Outro aspecto um tanto peculiar na área de FCC é que o relacionamento com a Akzo Nobel e a prática de desenvolvimento conjunto de projetos de P&D exigiram um nível de documentação e comunicação entre as partes muito mais intenso, criando uma cultura de registrar detalhadamente todas as atividades desenvolvidas. Isso fica evidenciado pelo maior número de documentos que normalmente eram emitidos pela antiga Divisão de Catalisadores.

Cidadania Organizacional

Os aspectos relativos à cidadania organizacional, como salários, sistema de reconhecimento e recompensa e relações de confiança, são críticos para proporcionar as condições mínimas para que um ambiente organizacional seja facilitador da geração de inovações. A pessoa que despende parte considerável de seu esforço mental diário em malabarismos para ver como consegue pagar as suas contas, dificilmente terá a tranquilidade mental necessária para inovar.

Nesse aspecto, o corpo técnico da Petrobras goza de situação privilegiada. Apesar dos técnicos envolvidos nesses dois desenvolvimentos não terem auferido nenhum ganho adicional direto por participar de projetos de alta importância estratégica para a empresa, as condições ditas como higiênicas e de segurança, definidas por Maslow, estavam plenamente satisfeitas. Obviamente, o dinheiro sempre pode ajudar e estimular um profissional a ser mais produtivo, a buscar a excelência, mas não parece ser um fator que se correlacione diretamente com a geração de inovações.

Quanto às oportunidades de reconhecimento e recompensa, em ambos os casos, estas eram maiores devido ao status e à maior visibilidade dos técnicos. Indiretamente, trabalhar num projeto do Procap ou de FCC significava estar desenvolvendo atividade importante e prioritária, o que ajudava nas promoções ou para a designação como consultor técnico. As oportunidades de viagens para o exterior também aumentavam devido à maior articulação internacional. A propósito, o talento vai para onde é reconhecido! É muito importante o empregado sentir-se valorizado.

Por último, a confiança entre os técnicos e as gerências, entre os técnicos e seus pares e entre as equipes estava presente num nível elevado. Havia um sentimento de desafio comum, de busca de liderança tecnológica, que impulsionava a equipe. Num ambiente onde há muita desconfiança, dificilmente as pessoas se expõem, ou estão dispostas a correr risco, ou se predispõem a trabalhar em equipe. Simplesmente, as idéias não circulam e não germinam. É essencial que uma idéia, uma vez concebida, seja exposta e criticada de modo a ser aprimorada. A falta de confiança é muito danosa à inovação.

Valores e Cultura

Inovar é correr risco! Quem não quer se arriscar está fadado a ser sempre um mero seguidor, nunca um líder. Geralmente, um novo desenvolvimento que pode resultar em vantagem competitiva significativa tem um elevado grau de risco. A organização que se pretende inovadora tem que "suportar o fracasso!", o fracasso inteligente, como o qualifica Dorothy Leonard[45], aquele que muito ensina.

É claro que as carteiras de projetos de ambos os programas de desenvolvimento estavam balanceadas quanto à probabilidade de sucesso e à facilidade de execução e implementação, de modo que se tivesse também bons resultados de curto prazo. O risco era calculado e os bons resultados gerados permitiam que se ousasse mais em alguns projetos. Os casos de falha eram bem gerenciados, através de uma postura construtiva, buscando entender o porquê de dar errado e incentivando à busca da solução do problema.

Essa cultura de lidar com a incerteza e aceitar desafios foi essencial para o sucesso dos casos relatados. A colocação do desafio de modo bem claro serviu como mola propulsora para a busca da inovação, e as incertezas foram gerenciadas via planos de contingências para minimização dos riscos.

A valorização dos empregados tem sido apontada como fator crítico de sucesso em extensa literatura empresarial. O empregado se sente prestigiado quando é estimulado a participar, suas idéias são cuidadosamente consideradas e sua proatividade bem recebida. Para uma equipe de P&D, a autonomia técnica e a liberdade para desenvolver hipóteses e soluções são fundamentais. Em seus estudos sobre empresas inovadoras, Kim e Mauborgne[46] concluem que um fator de sucesso é o reconhecimento pela empresa do mérito intelectual e emocional de seus colaboradores.

Ser o melhor local para se trabalhar, como almejam as empresas de visão de longo prazo e pretendentes à liderança de mercado, é ser um local de enriquecimento e desenvolvimento do seu corpo de funcionários. A aprendizagem contínua é outro valor que deve estar presente na organização inovadora. É importante que o empregado sinta que aprender é uma tarefa absolutamente prioritária para a sua empresa. Peter Senge[47], quem primeiramente discutiu o conceito da organização do aprendizado (*learning organization*), colocou como aspecto fundamental uma das suas cinco disciplinas, o domínio pessoal, a capacidade pessoal para a obtenção dos resultados desejados. Em ambos os casos em estudo, o pioneirismo de diversas atividades requeria dos técnicos e gerentes um esforço contínuo de aquisição de novos conhecimentos e habilidades. Além disso, está na cultura Petrobras o estímulo ao autodesenvolvimento.

Outro fator importante para a existência de um meio interno inovador é o espírito de equipe, pois geralmente todos os projetos importantes são frutos de uma equipe multidisciplinar que trabalha de modo sinérgico. É claro que há conflitos, pontos de vista distintos, pequenos problemas pessoais e vaidades a serem superados, mas a visão compartilhada e os desafios comuns devem servir de aglutinadores, direcionando os esforços da organização. A integração da cadeia de inovação, do laboratório ao meio produtivo, não é simples de ser obtida, mas necessária. Deve-se evitar aquele tipo de projeto segmentado, em que as interfaces são pontos de estrangulamento e cada um faz a sua parte e o todo é esquecido. A transferência ao meio produtivo é de suma importância; pesquisador e projetista acompanhando o teste industrial e a implantação comercial, bem como o pessoal de operação acompanhando e participando do projeto básico. Esse espírito prevaleceu nos dois casos relatados.

Em ambientes incertos e complexos, uma boa dose de flexibilidade ajuda significativamente para a consecução dos objetivos. Esta é uma qualidade tida como primordial para os inovadores. No universo do Procap, é reconhecida como presente, e a equipe sempre demonstrou um bom jogo de cintura na busca de novas soluções e possibilidades para a viabilização da produção de petróleo em águas profundas. No caso FCC, o grupo tem um comportamento mais reativo às mudanças, sendo menos flexível. É uma cultura madura e cristalizada, embora tenha sempre respondido bem aos desafios e ameaças impostos ao seu negócio. Normalmente, passado o primeiro impacto, as ameaças são percebidas como oportunidades.

Algo a ser mudado na cultura do Cenpes é a dificuldade de encerrar ou mudar substancialmente o rumo de um projeto, o que foi percebido em ambos os casos em estudo. Também não é fácil deslocar técnicos de uma atividade para outra. Quase todos os técnicos que atuaram em atividades pioneiras que geraram inovações continuam atuando na mesma área, trabalhando agora na sua otimização. Existe uma boa dose de apego às idéias e um forte empenho em concretizá-las. O que acaba contribuindo para a extensão da vida de certos projetos que se mostram pouco promissores. A cultura da substituição de importações, num período passado, incitou também à síndrome do "temos-que-desenvolver-tudo", mas hoje essa fase está superada, e cada vez mais é feito uso de capacitação disponível fora da empresa.

Para Fechar o Assunto

Atualmente, as empresas, para obter vantagens competitivas sustentáveis no mercado global, necessitam inovar produtos e serviços. O número de novos produtos e serviços lançados cresce acentuadamente, enquanto o ciclo de vida destes diminuem na mesma proporção, tornando o mercado muito dinâmico e volátil. Consumidores e clientes estão sempre atrás de novidades, bem como de um bom custo-benefício, de serviços interessantes, de melhor qualidade de vida, de algo mais. Manter um ritmo constante de inovações não é tarefa fácil, sobretudo num país onde o Sistema Nacional de Inovação é incipiente. Já que o macrossistema não ajuda, cabe às empresas buscar com mais determinação as oportunidades existentes no seu ambiente de atuação. Para tal, estas precisam ter a inovação como estratégia de negócio e cuidar de seu ambiente interno, de modo a construir um meio inovador.

O estudo desses dois casos de desenvolvimento visou a analisar e discutir o ambiente organizacional e seus aspectos facilitadores e inibidores à inovação. Não se pretende que a Petrobras seja tomada como um modelo exemplar a ser seguido. Como Gundling[42] afirma, práticas inovadoras exógenas e copiadas seriam como animais em cativeiro – eles podem sobreviver, ser vistos no zoológico, mas costumam falhar em sua capacidade de procriar, pois estão fora de seu habitat.

Alguns aspectos abordados são realmente críticos; por exemplo, a falta de confiança torna o ambiente reativo às inovações. Não existe uma idéia totalmente descartável, assim como não há uma proposta 100% correta. As idéias precisam ser criticadas, trabalhadas e aprimoradas para evoluir a ponto de se tornarem uma inovação. Num ambiente onde permeia a desconfiança, qualquer crítica costuma ser encarada como destrutiva e não como uma contribuição. Se o ambiente for muito negativo, aí nem as idéias são expostas. Ademais, é essencial que a aprendizagem seja valorizada e exista espírito de equipe, mantendo-se respeito e um bom relacionamento intra-equipes. É bom lembrar também que, sem recursos estáveis e em quantidade mínima suficiente, não há projeto que evolua bem.

Os fatores abordados formam um conjunto favorável à geração de um meio inovador, mas cabe a cada organização construir e aprimorar constantemente o seu próprio modelo de gestão da inovação, estando atenta aos aspectos citados.

Capítulo 10: Análise do Ambiente de Inovação

Referências Bibliográficas

(1) FAGERBERG, J. *Why growth rates differ*. No Dosi, G. et al., Technological change and economic theory. London: Pinter Publishers, 1988.

(2) PORTER, M. E. *A vantagem competitiva das nações*. Rio de Janeiro: Editora Campus, 1993.

(3) ANDREASSI, T. *Estudo das relações entre indicadores de P&D e indicadores de resultado empresarial em empresas brasileiras*. Tese Faculdade de Economia, Administração e Contabilidade – USP, 1999.

(4) JONASH, R. S. e SOMMERLATTE, T. *O valor da inovação*. Rio de Janeiro: Editora Campus, 2001.

(5) NONAKA, I. *The knowledge-creating company*. Havard Business Review, nov-dez, 1991.

(6) SIMANTOB, M. e LIPPI, R. *Guia Valor Econômico de inovações nas empresas*. São Paulo: Editora Globo, 2003.

(7) SCHUMPETER, J. A. *The theory of economic development*. New York: Oxford University Press, 1961 (publicado originalmente em 1934).

(8) ALVARES, A. C. T.; BARBIERI, J. C. e MACHADO, D. P. N. "O caso Brasilata", cap. 4 de *Organizações inovadoras*. Rio de Janeiro: Editora FVG, 2003.

(9) KLINE, S. J. *Innovation is not a linear process*. Research Management, v. 28, nº 4, págs. 36-45, jul-ago, 1978.

(10) www.sc.doe.gov

(11) STAL, E. e RIMOLI, C. A. *Centros de Pesquisa Cooperativa no Brasil: A implantação do Programa Consitec e as perspectivas futuras*. São Paulo: FGV-GVpec, Eaesp, 2003.

(12) BRAGANÇA, A. L. *Políticas de C&T para a indústria química: Incentivo ao desenvolvimento de tecnologia* – Anpei. São Paulo: 1º Encontro Brasileiro sobre Tecnologia na Indústria Química, 1-3/10/2003.

(13) HARRISON, B. *The small firms myth*. California Management Review, p. 142-158, Spring, 1994.

(14) NICOLSKI, R. "Inovação tecnológica e Estado", *Folha de S. Paulo*, Opinião, 10/9/2003.

(15) DAGNINO, R. "A relação universidade-empresa no Brasil e o Argumento da Hélice Tripla", *Revista Brasileira de Inovação*, MCT-Finep, v. 2, nº 2, jul-dez, 2003.

(16) *www.inova.unicamp.br/propriedade.htm*, em 27/2/2004.

(17) CNI/Finep. *A indústria e a questão tecnológica*, 2002.

(18) ROBERTS, E. B. *Overview of process of technological innovation*. Management of R&D and Technology-based innovation – Lecture & Seminar readings, MIT. MA: Cambridge, 1997.

(19) BRITO CRUZ, C. H. "A universidade, a empresa e a pesquisa que o país precisa", *Revista Parcerias Estratégicas*, v. 1, págs. 5-30, 2000.

(20) *www.inova.unicamp.br/agencia.htm*, em 27/2/2004.

(21) LIMA, B. "Brasil bate marca de 8.000 doutores por ano", *Folha de S. Paulo*, 4/7/2004.

(22) SUTTON, R. "As estranhas regras da criatividade", *Revista Exame*, 749, 19/9/2001.

(23) SENS, M. R. *WEG – Transformando energia em soluções*. Recife: Conferência Anpei 2004, 24-26/5/2004.

(24) SANTANA, L. M.; HANSENCLEVER, L. e MELLO, J. M. C. "Capacitação Tecnológica e Competitividade na Petroquímica Brasileira nos anos 1990: o Caso de Camaçari-BA". *Revista Brasileira de Inovação*. MCT-Finep, v. 2, nº 1, jan-jun, 2003.

(25) *Valor Econômico* – Caderno Especial. "Impulso para crescer", F1 e 2 – 19, 20 e 21/12/2003.

(26) VASCONCELLOS, M. A. "O Fórum de Inovação da Eaesp/FGV", Indrodução, p. 21, *Organizações inovadoras*. Rio de Janeiro: Editora FVG, 2003.

(27) STEVENS, G. A. e BURLEY, J. "3,000 Raw Ideas = 1 Commercial Success". *Research Technology Management*, maio-jun, v. 40, nº 3, págs. 16-27, 1997.

(28) BENETTI, P. C. A. *MITOdoLOGIA – Pessoas e empresas criativas e inovadoras. Por que não?* Rio de Janeiro: Qualitymark, 2003.

(29) THOMPSON, L. "Desenvolvendo a criatividade dos grupos de trabalho organizacionais" *RAE executivo*. FGV/Eaesp, v. 2, nº 3, págs. 63-81, ago-out, 2003.

(30) RIOSECO, M. J. e GONZALES, M. A. "Inteligência Compartilhada", *Revista América Economia*, págs. 56-58, 19/2/2004.

(31) KASTIKA, E. *Introduccion a la creatividad*. Buenos Aires: Innovar, Escuela de Innovadores de Buenos Aires, 2003.

(32) TIDD, J.; BESSANT, J. e PAVITT, K. *Managing Innovation*. New York: Wiley, 1997.

(33) Innovation DNA, *www.smarthinking.com* em 2/6/2004.

(34) ASSAYAG, M. I.; CASTRO, G.; MINAMI, K. e ASSAYAG, S. "Campos basin: a real scale lab for deepwater technology development". *Offshore technology Conference 8492*. EUA: Houston, 1997.

(35) SALIES, J. B. "Lessons learned and future challenges for ultra-deedpwater: Procap – 3000". *Deep Offshore Technology Conference*. França: Marseille, 19-21 outubro, 2003.

(36) LEITÃO, D. M. "O processo de aprendizado tecnológico nos países em desenvolvimento: o caso da refinação de petróleo no Brasil", *Boletim Técnico da Petrobras*, Rio de Janeiro, v. 28(3): 207-218, jul-set, 1985.

(37) Agreement for Technical Collaboration between Petróleo Brasileiro S.A. and Pullman Kellogg, 1977.

(38) CASTILLERO, J. A. M.; HERRMANN, C. C.; SCHLOSSER, C. R. e FARIA, J. L. M. "Tecnologia de craqueamento catalítico na Petrobras: análise da sua evolução e da validade econômico-estratégica do seu domínio". Rio de Janeiro: Conexpo Arpel, 1994.

(39) FUSCO, J. M.; EINSFELDT, M.; MEDEIROS, J.; FREIRE, P. S.; PATRÍCIO Jr., N.; TAN, M. H.; RAMOS, J. G. F. e TOREM, M. A. "PAC^{RC} – Um marco no processo de Craqueamento Catalítico Fluido". *4º Encontro Sul-americano de Craqueamento Catalítico*, Manaus, 14-17/08/2000.

(40) LEITE, L. F; FUSCO, J. M.; RAMOS, J. G.; MEDEIROS, J.; TOREM, M. A. "Novel Fluid Catalytic Cracking Technology – Excellence in Heavy Feedstock Processing". *17^{tth} World Petroleum Congress*. Brasil: Rio de Janeiro, 1-5/9/2002.

(41) COLLINS, J. C. e PORRAS, J. I. *Feitas para durar*. Rio de Janeiro: Rocco, 1995.

(42) GUNDLING, E. *The 3M way to innovation*. New York: Kodanska America, 2000.

(43) SMITH, R. "Management of Innovation: Capabilities, Social Capital & Innovation". *Seminário Inovação: criando o futuro*. Rio de Janeiro: Petrobras, 25-26/04/2002.

(44) CHRISTENSEN, C. M. *The innovators's dilemma*. New York: HarperBusiness, 2000.

(45) LEONARD-BARTON, D. *Wellsprings of knowledge: building and sustaining the sources of innovation*. Boston: Harvard Business School Press, 1995.

(46) KIM, W. C. e MAUBORGNE, R. "Esqueça a concorrência", *HSM Management*, nº 24, págs. 78-86, jan-fev, 2001.

(47) SENGE, P. M. *The fifth discipline: the art and science of the learning organizations*. New York: Boubleday, 1990.

Entre em sintonia com o mundo

QualityPhone:

0800-263311

Ligação gratuita

Qualitymark Editora
Rua Teixeira Júnior, 441 – São Cristóvão
20921-400 – Rio de Janeiro – RJ
Tel.: (21) 3860-8422
Fax: (21) 3860-8424

www.qualitymark.com.br
e-mail: quality@qualitymark.com.br

Dados Técnicos:

• Formato:	16×23cm
• Mancha:	14×21cm
• Fontes Títulos:	AvantGarder Md BT
• Fontes Texto:	News702 BT
• Corpo:	11
• Entrelinha:	13
• Total de Páginas:	168